도루묵과 주레

도루묵과 주레

김유호 수필집

부나비

책머리에

　목마름 같은 증세로 나를 답답하게 하는 무언가가 궁금했다. 그것을 알아차린 것은 글쓰기에 입문하면서부터다. 글로 나를 바라보고 드러내어 상처 나고 모난 부분을 어루만지게 된 덕분이다.
　몇 년의 습작 기간을 거치며 모아진 원고를 부끄럽게 내어놓는다. 공감 능력이 부족한 이과생으로 인간과 사물을 보는 폭과 깊이가 좁고 얕음을 거듭 확인케 되지만 내 분수를 알기에 받아들인다.
　글을 통해 따뜻한 정감을 나누고 소중한 것들을 탐색하고자 했지만 이것도 몸과 마음이 아픈 이들과의 만남을 통해서만 가능했으므로 그들에게 큰 빚을 지고 간다.

    글쓰기의 걸음마부터 이끌어 주신 최원현 선생님께 머리 숙여 감사드리며, 언제나 격려와 조언을 아끼지 않았던 아내와 아들과 딸에게 손을 높이 들어 인사를 보낸다.

2017년 봄날에

김유호

차례

책머리에 4

김유호의 수필세계 | 최원현 206
　따뜻한 가슴으로 빚어낸 절제된 언어의 향기

1. 거짓말하는 의사

누구에게나 필요한 것 12

도루묵과 주례 20

거짓말하는 의사 26

돌팔이 31

마지막 남자 37

생명의 은인 46

엄니 아들이래유! 52

에어 앰뷸런스 60

2. 직업병

밥 대신 빵 68
직업병 72
관할구역 78
깜이 83
똘이네 가족 1 90
똘이네 가족 2 98
사투리 103
할아버지의 유산 108

3. 신호등

가을과 겨울 사이 116
신호등 121
연장선 위의 사람들 126
배달의 자손 132
당신의 심장,
한발 앞서 지킬 때입니다 139
어느 날, 당신의 심장이 멈춘다면 143
부정맥, 방치하면 악마로 돌변한다 147
맥박은 고르게, 치료는 한발 빠르게 152

4. 내 뒷모습

학자수(學者樹)의 기다림 158
어머니의 마음 167
내 자리 172
걷기 유감(有感) 177
돌을 보는 마음 183
닮은꼴 189
나의 노년준비 195
내 뒷모습 201

I.
거짓말하는 의사

누구에게나 필요한 것 | 도루묵과 주례 | 거짓말하는 의사 | 돌팔이
마지막 남자 | 생명의 은인 | 엄니 아들이래유! | 에어 앰뷸런스

누구에게나 필요한 것

책꽂이에 꽂혀있는 《위로》라는 제목의 책이 눈에 들어온다. 나와 같은 의사의 수필집인데 누구나 할 수 있는 것이 위로란다. 그런 말을 자연스레 못하는 나 같은 사람도 해당될까. 평상시 툭 내뱉던 내 말로 상처받은 이들이 적잖았을지도 모르는데 특히 위로가 필요한 환자에게도 그랬을 것 같은 생각을 하면 마음이 착잡해진다.

대학병원 의사라는 직업이 그럴 수밖에 없겠지만 바쁜 외래진료에 짜증이 날 때도 있다. 환자와 보호자를 상대로 이야기하며 컴퓨터를 들여다보느라 몇 시간을 진료실에서 보내고 나면 눈이 시리고 머리가 띵해진다. 외래진료 후에 해야 할 시술이나 입원환자 회진을 생각하면 마음도 조급해지기 일쑤다. 이런 와중에 필요한 이들에게 마음을 보듬는 위로가 정말 가능할까.

그런데 요즘 들어 환자의 얘기를 들어주고 함께 고민하는 시간이 제법 길어졌다. 의원 노릇 삼십여 년에 조금 철이 들어가는 걸까. 하지만 이런 에너지가 많이 드는 일을 언제까지 해낼 수 있을까 하는 염려에 앞으로 일할 날들이 길게만 느껴진다. 최근 몸의 여기저기에서 이상 신호가 들리기 시작하면서부터는 더 불안해지기도 한다. 몸져눕게 되면 내 얘기를 찬찬히 들어주며 고개를 끄덕여 주는 의사를 만날 수 있을까도 궁금하다. 그래서인가. 남의 건강을 챙기며 위로하는 일이 천직이라지만 때로 나도 위로받고 싶을 때가 있다.

그런데 환자나 가족들은 나보다 더 힘들어 보인다. 불경기에 주머니뿐 아니라 마음의 여유까지도 없어서일까. 의사 얼굴 한번 보기 위해 오래 기다려야 하고 여기저기 검사받고 나서도 또 기다려야 하니 얼마나 답답할까. 정말 기다리다가 지쳐 죽는다는 말이 나올 만도 하다. 그러다 보니 몸이 아파 마음마저 까칠해진 이들에게 말 한마디 건네는 일에도 무척 신경이 쓰인다. 얼마 전 무심코 던진 말에 마음의 상처를 입었다는 환자로부터 항의를 받고 나서는 더욱 조심하게 되었다. 그럴 때마다 내 말투나 표정이 아니 내 마음은 어땠을까 한 번 더 살펴보게 된다. 위로와 보호를 받아야 하는 대상 앞에서 나는 어떤 존재였을까. 그들을 내 뜻대로 좌지우지하려 했을 때도 있었을 것 같다.

진료에 임하기 전 기도로 마음을 다독거리는데도 평상심을 잃을 때는 어이없기도 하다. 문득 대학에 갓 들어간 나에게 "의술에 더하여 의도(醫道)를 열심히 닦으라." 하시던 은사님의 말씀이 떠올랐다.

그런 생각을 하며 진료실 밖으로 종종걸음치는 사람들의 얼굴을 바라보니 마음이 다시 무거워진다. 병원에 와서 걱정되는 얘기를 들으면 어쩌나 하는 불안감에 발걸음마저 힘이 없어 보인다. 그때 남편 대신 진료실을 오가는 L이 밝게 웃으며 인사를 한다. 10년이나 의식도 없이 누워있는 남편을 집에서 간호하며 매달 소견서와 약 처방을 받으러 오는 환자의 부인이다. 환자의 상태나 그동안의 경과를 기록한 소견서를 매달 제출해야 보조금을 받을 수 있어서란다. 오랜 간병으로 매달 찾는 발걸음이 귀찮을 만 한데도 항상 밝은 표정이다. "자주 오는 게 힘들고 번거롭지 않으세요?" 하는 내 말에 "그래도 와야지요." 한다. 그 오랜 세월 동안 남편 곁을 꿋꿋이 지키는 그 힘은 어디에서 나올까 궁금했다. 그런데 나는 요즈음 진료하기도 점점 힘들고 이젠 싫증이 난다고 했다. 나도 누가 챙겨주면 좋겠다고도 했다. L은 오랫동안 말도 못하고 누워만 있는 환자를 간호하기가 점점 어렵다고 하소연을 한다. 혼자서 모든 일을 해야 하니 꼼짝도 할 수 없다고 했다.

    그녀는 밤낮으로 환자의 모든 것을 돌봐야 하는 교

대자도 없는 불침번이다. 거칠어진 손 마디마디가 그걸 말해주고 있다. 욕창이 생기는 것을 막기 위해 여자의 몸으로 남자의 몸을 움직여 수시로 체위를 변경시켜줘야 하니 여기저기 몸이 쑤시지 않는 데가 있을까. 그래서인지 그새 얼굴에 잔주름도 많이 생긴 것 같다. 남편이 자리에 눕고부터는 한 번도 숙면을 취해 본 적이 없다고 했다. 환자의 숨소리가 이상해지거나 작은 기척에도 이내 잠을 깨었을 것이다. 그러나 아들과 딸이 바르게 자라 부모한테 효도하고 있다고 자랑한다.

"아버지가 이렇게라도 살아계시니 얼마나 좋은지 몰라요."

하는 딸은 매일 아침 아버지가 건강할 때처럼 출근 인사를 한다고 했다. 그런 자녀가 교회에서 봉사도 열심히 하고 좋은 직장에서 인정도 받아 그저 감사할 따름이라고 했다. 그 아들과 딸이 그 많은 낮과 밤을 버티게 해준 힘이었나 보다.

작년 여름 내가 골절수술을 받고 피부병에 이어 연

달아 갑상선까지 문제가 생겨 고생했던 일이 생각난다. 대기실에 앉아 차례를 기다리며 진료실에서 무슨 애기를 들을까 불안해했던 기억도 새롭다. 두 달간의 병가를 마치고 출근한 날 환자들로부터 "얼마나 고생하셨어요?" "앞으로는 무리하지 마세요." "선생님이 아프면 어떻게 해요." "건강하세요."라는 말을 들었다. 그 뒤로도 정기적으로 오는 환자들로부터 먼저 내 건강을 묻는 인사를 받게 되었다. 의원이 환자들로부터 염려와 위로의 대상이 되다니 그럴 때마다 여러 진료과의 외래를 드나들며 진료받느라 뾰족뾰족해지고 움츠러들었던 내 마음도 둥글둥글해지는 것 같다.

오늘도 소견서를 받아들고 웃으며 진료실을 나가던 L은 "우리 같은 사람도 있는데 선생님 힘내세요." 한다. 말 한마디 못하는 환자 옆에서 묵묵히 그 오랜 세월을 수발해 온 그녀가 아닌가. 순간 내가 했던 불평들이 그녀에겐 너무나 사치스러운 푸념이었던 것 같아 얼굴이 뜨거워졌다. 정작 위로를 받아야 할 사람은 따로 있는데 나도 위로를 받는 현장에서 그것이 필요한 이들을 더 잘 보게 되어서일까. 삼십 년을 의사로 지낸 나지만 도를 닦아도 한참은 더 닦아야 할 것 같다. 그러고 보면 위로는 누구나 할 수 있지만 누구에게나 필요하다는 말이 더 마음에 와 닿는다. "우리 같은 사람도 있는데 선생님 힘내세요." 그녀의 뒷모습이 오늘따라 유난히 크게 보인다.

누구에게나 필요한 것 19

도루묵과 주례

이젠 결혼 주례가 계절행사쯤 되어버렸다. 마땅한 주례를 구하지 못해 고민하는 제자를 도와준다고 시작했던 일이었다.

처음엔 준비해 간 원고를 또박또박 읽어내느라 하객 쪽은 볼 여유도 없었다. 그러나 지금은 누가 잡담을 하는가까지 살피면서 거의 원고를 보지 않고도 주례사를 마칠 수 있다. 하지만 인생 선배로 결혼생활에서 마땅히 지켜야 할 일을 알려주는 것이라지만 정작 나는 그렇게 살아오지 못한 것 같아 주례사를 할 때마다 내용이 버겁게 느껴진다. 그래도 내 결혼생활을 다시 돌아보게 되는 계기가 되니 마냥 부담만 되는 것도 아니다. 그럼에도 주말의 내 시간을 너무 빼앗겨버려 이런저런 핑계로 사양하고 있었다.

그런 어느 날 강원도에 사는 ㅎ의 전화를 받고는 고민이 되었다. 그는 도루묵 한 상자를 보냈다며 잘 받았느냐고 물으면서 지금이 알이 배기 시작하는 철이라 맛이 그만이라고 했다. 거기다 고기잡이배를 가진 친구에게 특별히 부탁하여 직접 포장해 보낸 것이라 했다. 그러고는 말미에 장남이 장가를 드는데 결혼식의 주례를 해 달라고 했다. 나는 더 연만하고 경험이 많은 분에게 부탁하라고 사양했지만 막무가내다. 가족이 모두 불교 신자인 것을 아는지라 크리스천인 내가 주례를 하면 잘 맞지 않을 것이라며 다른 데 알아보라고 했다. 그렇게 까맣게 잊고 있었다.

ㅎ은 정이 많아 이번 말고도 철마다 그 지역에서 나는 산물을 보내주곤 한다. 주로 해산물을 보내지만 초여름에는 감자를 보내고 가을에는 옥수수도 잊지 않는다. 해산물은 눈썰미가 좋은 그의 아내가 항구의

새벽 어시장에 가서 고른 것을 부쳐주어 철마다 호사를 했다. 나도 답례 거리를 생각해 보았지만 마땅한 것을 찾지 못해 늘 전화로만 받은 감사 표시를 할 뿐이었다.

아들 주례 얘기가 나온 지 한 달쯤 지났을 때 또 도루묵 한 상자를 보내왔다. 이번에도 살아 있는 것처럼 싱싱했다. 도루묵의 도착 여부를 묻는 그의 전화에서 주례 부탁이 생각나서 주례를 구했느냐고 했더니 "주례는 네가 하는 것 아니여?" 했다. 아차, 내가 그때 답변을 좀 더 확실히 할 걸 하고 후회했지만 이미 때는 늦은 것 같아 승낙하고 말았다. 솔직히 그동안 받기만 하고 아무것도 갚지 못해 미안하던 차에 잘 되었다 싶기도 했다.

결혼하는 부부가 갖춰야 할 덕목으로 믿음 소망 사랑을 이야기하며 주례사를 마친 후 조심스럽게 ㅎ부부의 눈치를 살피니 다행히 만족해하는 표정이다. 일주일 후 신혼여행에서 돌아온 신랑은 내게 인사도 할 겸 주례사의 내용이 하도 좋아 친구들에게도 나눠주고 자기도 간직하고 싶다며 주례사 사본을 받으러 오겠다고 했다.

　식장에서 잠깐 보았던 신랑은 나이보다 훨씬 어른스럽고 삶의 자세도 반듯해 보여 주례를 잘했다는 생각이 들었다. 맞벌이 부부로 서로 생활의 조화를 이루는 일, 집 장만하는 일, 양가 부모님들과 관계를 잘 맺는 일까지 앞으로 살아갈 계획에 대해 차근히 말하는 것을 들으며 나이보다도 성숙하단 생각을 하며 남의 아들이지만 대견스럽고 부러웠다.

　반년쯤 후에 ㅎ을 만났기에 아들 부부의 안부를 물었더니 열심히 살고 있다고 했다. 믿음과 소망은 잘 모르겠는데 며느리가 임신한 것을 보니 사랑은 확실히 실천하고 있는 것 같다며 즐거워했다.

　그래서 그런지 결혼식 주례 이야기가 나오면 도루묵부터 생각이 난다. 도루묵을 맛있게 먹은 것 이상으로 ㅎ 부부의 소박하고 따스한 마음씨가 느껴졌기 때문이리라.

　가장 맛있는 제철 도루묵을 맛보이려 어부인 친구

에게까지 특별히 부탁하여 잡은 맞춤 도루묵이어서인지 맛도 더 좋았던 것 같다. 주례에 대한 사례로 봉투를 받기도 하지만 내가 받은 도루묵 사례야말로 무엇에도 비길 수 없는 값지고 귀한 선물이라 여겨져 가슴이 뿌듯해졌다.

  퇴근하여 집에 오니 택배로 온 큰 상자가 보인다. 보내는 이의 이름이 ㅎ이어서 또 도루묵인가 하고 열어보니 냉장 코다리이다. ㅎ에게 감사 전화를 하려는데 문득 이번에는 딸 주례 부탁인가 하여 벌써 마음의 준비를 하게 된다. 하지만 이번엔 도루묵이 아니고 커다란 상자 가득 코다리이니 혹시 내가 생각지도 못한 합동 주례 부탁을 하려는 것은 아닐까.

거짓말하는 의사

 본의 아니게 또 거짓말을 하고 말았다. 환자 가족의 간절한 요청을 거절할 수 없었기 때문이다. 가정 불화의 원인이 되는 남편의 술을 끊게 해달라고 부탁하는 부인에게 정신과 의사한테 찾아가 보도록 권했지만 남편이 선생님 말씀은 들을 것 같다는 말에 마음이 약해지고 말았다. 술 안 끊으면 잘 조절되어 가는 심장병이 다시 도질 수 있다고 환자에게 엄포를 놓았지만 사실은 반드시 그런 것은 아니다.
 맥박이 너무 느려 심장박동기 수술을 받았던 50대 여자 환자도 생각난다. 퇴원하는 날인데 즐거워하기는커녕 얼굴에 수심이 가득했다. 시집온 이래로 지금까지 시어머니를 모시고 사는데 괴팍한 성격 때문에 마음고생이 크다고 했다. 반찬 투정으로 밥상을 뒤엎는 것은 보통이요 며느리의 외출을 절대로 허용치 않아 친구 한번 만나지 못하는 그야말로 감옥 같은 생활을 한다고 했다. 다시 그곳으로 돌아가야 할 생각을 하면 앞이 캄캄해질 만도 했다. 더구나 외아들인 남편은 마마보이로 아무 도움도 주지 못하고 어머니 눈치만 보는 것에 더 절망하는 것 같았다. 그런 남편인데 어머니가 변하게 해 달라고 내게 부탁을 해 온 것이다. 내 영역인 환자의 심장 문제는 마무리가 잘 되었는데 가정의 문제를 도와달라고 하니 걱정이 앞섰다. 내 머리도 잘 못 깎는 주제인 것을 알기 때문이다. 하지만 퇴원을 하루 늦추고 시어머니를 급히 올라오시게 했다. 병실에 나타난 어머니는 아들의 전화를 받고 와서인지 긴장한 빛이 역력했다. 나는 자못 진지하고 엄숙한 표정으로 며느리의 병에 관해 설명하고 증상은 많이 좋아졌지만 스트레스를 받거나 마음고생을 하게 되면 병이 재발하여 수술을 다시 해야 할지도 모른다고 했다. 그래서인가. 시어머니는 내가 보는 앞에서 며느리에게 수술도 받았으니 집으로 돌아오지 말고 친정에 가서 몇 달 요양하고 오라고 했다. 얼마 후 외래로 온 환자는 전혀 딴사람이 되어 있었다. 친정에 안 가고 시댁으로 들어갔는데 살림은 도우미에게 맡기고 매일 헬스클럽에 나가 운동도 하게 되니 살맛이 나고 시어머니도 반찬 투정을 안 한다고 했다. 시어머니가 그동안 며느리에게 너무 시집살이를 시킨 것에 미안한 마음이 들어서인지, 아니면 며느리가 다시 수술을 받게 될지도 모른다는 나의 엄포에 겁이 난 것인지 확인하고도 싶었지만 그게 중요한 것 같지는 않았다.

  의사가 어떻게 하는 것이 진료를 잘하는 것일까. 짧은 내 경험으로도 환자만이 아니라 가족들과의 교감이 중요한 것 같다. 대부분 의사는 자기가 진료를 잘하고 있다고 생각하지만, 환자와 오고 가는 진솔한 대화가 없으면 낭패를 보기 십상이다. 검사결과를 컴퓨터에서 확인하다 보면 환자 얼굴 보기가 쉽지 않은 요즘 진료현장에서는 더욱 그런 것 같다. 그래서 나는 짧은 진료시간에도 환자들과 한 번 이상 눈을 맞추고 그들의 말에도 끄덕끄덕 맞장구를 쳐준다. 그러면서 검사결과를 확인한다. 하지만 그것도 항상 잘 되는 것은 아니다. 반대로 교감이 너무 잘 되어 문제가 생기기도 한다. 이번처럼 가정의 평안을 위해 어쩔 수 없이 거짓말을 해 줘야 할 때도 생기기 때문이다.

그런 일들은 후에도 종종 있었는데 언제까지 의사가 이런 거짓말까지 해야 할까. 환자와 그 가정의 행복을 위해 도움은 되었다지만 의사의 역할에 이런 거짓말도 포함되는지는 모르겠다. 하지만 그것이 내가 치료해야 할 병과 직접 관련이 없다 해도 이런 선한 거짓말로 인해 그들의 삶이 조금이라도 나아질 수 있다면 그 또한 보람 있는 일이 아닐까. 그럼에도 나의 거짓말이 너무 자연스러워 거짓말 같지 않다는 동료의 말이 마음에 걸린다. 그렇더라도 못 이기는 척 그들의 부탁을 들어주고 싶은 이 마음은 또 뭘까.

돌팔이

 의사인 나는 가족모임에서 난처할 때가 많다. 요즘의 화제는 자연스레 건강으로 이어지는 경우가 많아 몸에 좋은 음식으로부터 첨단치료까지 다양한 질문들이 나오기 때문이다. 특히 내 전공이 내과라 몸 안의 병은 다 알겠거니 하고 물어오지만 시원한 답을 주지 못할 때도 있다. 특히 어머니는 아프다고 하면서도 치료보다는 당신 얘기 들어주는 것만을 더 원하셔서 헷갈릴 때도 있다. 어떤 것은 치료를 해 드리고 어떤 때는 말만 들어줘도 되는지 구분이 잘 안 되기 때문이다. 반갑게 만나 가족 간에 나누는 정다운 대화의

장을 기대했는데 외래진료실 같이 되어버려 오랜만의 모임을 맥 빠지게 한다. 거기다 병원이 아니라는 생각에 가족들의 호소를 심각하게 들어주지 않는 것도 문제가 된다.

의과대학 4학년 때였던가. 식탐이 많아 음식을 빨리 드시는 어머니는 자주 배탈이 났다. 그때마다 소화제로 증상을 가라앉혀 드리곤 했는데 언제부터였는지 명치 부위가 뜨끔뜨끔 아프다고 하셨다. 음식을 잘 씹지 않고 꿀꺽꿀꺽 삼켜버리니 그런 증상이 생기는 거라고 어머니 식사방법만 탓했다. 어머니는 그런 아들이 서운했던지 동네 의원을 찾아가 담낭에 문제가 있다는 진단을 받아 오셨다. 그 의사의 말에 반신반의하면서도 불안해하는 어머니를 안심시켜 드리려고 병원에 가시도록 했다. 단순한 배탈을 오진한 것이겠거니 생각을 했는데 초음파검사에선 간 밑의 커져 있는 담낭 안에 담석이 3개나 보였다. 급기야 대학병원에서 수술을 받게 되고 마취에서 깨어나신 어머니가 내게 하신 첫 마디는 "너 돌팔이지?"였다. 내 눈에는 등잔 밑이 아니라 간 밑이 너무 어두웠었나 보다.

그로부터 30년이 되어가는 지금에도 어머니는 당신 아들이 여전히 그러는가 싶어서인지 겸손하고 실수하지 말라고 거듭거듭 당부하신다. 그럼에도 가족환자들의 증상을 과소평가하는 버릇은 쉽게 고쳐지지 않는다.

어머니의 팔순을 맞아 효도관광차 강화도에 모시고 갔다. 그런데 박물관에서 주차장으로 가시던 어머니가 다리의 중심을 잃고 옆으로 넘어지셨다. 금방 일어나며 괜찮다고 하셔서 안심했는데 밤에 주무시면서 손목과 발목의 통증을 호소하셨다. 뼈가 부러진 것 같지는 않고 단순한 타박상이니 파스만 붙이고 쉬면 좋아질 거로 생각했는데 아침까지 다친 부위의 통증이 계속된 것이다. 병원 응급실로 모시고 갔다. 예상과 달리 손목과 발목에서 골절이 발견되었다. 팔과 다리에 깁스를 하고 나오신 어머니는 선언하셨다.
"너 하고는 어디도 안 간다."

학생 때는 경험이 없어 그랬다 치지만 이만큼 경력이 쌓였는데도 실수를 하는 나를 어머니는 이해 못 하시겠다는 눈치였다. '전공분야가 달라 그런 거예요.' 하고 변명하고 싶었지만 의사면 모든 병을 다 고치는 줄 아시는 어머니에겐 가당찮은 핑계일 것 같았다. 그뿐 아니라 집안 모임에서도 병원에서 진료하듯이 신경을 써서 봐주기를 바라는 것은 가족환자들의 공통된 바람인가 보다. 그러나 가족이기에 오히려 증상 하나라도 놓치지 않으려 하다 보면 과잉진료가 될 수도 있을 텐데 그것은 알고 계실까. 그걸 피하려고 해서는 아니지만 가족들의 증상을 과소평가하는 것은 오랫동안 굳어진 버릇처럼 되어버렸다. 환자면 다 같은 환자로 생각해야 할 텐데 아직도 과잉과 과소 사이에서 중심을 잡지 못하는 것을 보면 돌팔이란 말을 들어도 싸겠구나 싶다. 하지만 어머니의 지청구는 모든 환자에게 관심을 더 두라는 뜻일 테니 어찌 섭섭만 하겠는가. 이렇게 어머니가 내게 하시는 돌팔이란 말은 의사라고 목에 힘을 주기 쉬운 나를 일깨워주는 사랑의 채찍이리라.

  그러나 가족들로부터도 돌팔이를 면하려면 과잉진료가 되더라도 세심하게 봐 드리는 것이 낫겠다 싶기는 하다. 그럼에도 어머니가 아프다고 하셔서 증상을 찬찬히 듣고 있노라면 그것만으로도 기분이 좋아져서 이제 되었다 하시니 그럴 때는 어떻게 해야 할까. 어머니의 병은 치료보다도 당신께 관심을 가져 달라는 것이 먼저일까. 그것을 아직도 확실히 파악 못 하는 걸 보면 아무래도 어머니에게는 영원히 믿음이 가지 않는 돌팔이 의사일 것만 같다.

마지막 남자

퇴근을 하려는데 전화가 왔다. 전라북도 정읍의 병원이라는데 나를 찾는다. 스물여덟 살의 젊은이가 손위 형이 죽어 장례를 치르는 산에서 정신을 잃었다고 했다. 갑자기 얼굴이 파래지면서 고목 넘어가듯 쓰러졌는데 한참 만에 깨어나긴 했다고 한다. 그 환자를 보내겠단다. 그렇게 갑자기 젊은이의 의식을 잃게 만든 원인이 무얼까 생각하는데 좋지 않은 예감이 들었다. 그래서인지 환자가 앰뷸런스로 이송 중에라도 아무 일이 없어야 할 텐데 심히 걱정되었다.

응급실로 이송된 환자는 신체가 건장하고 인상도

좋은 젊은이였다. 큰 형에 이어 둘째 형까지 잃은 충격이 오죽 컸으면 의식을 잃기까지 했을까. 환자와 그 가족들에게서 그동안의 힘들었던 사연을 들은 후 해야 할 몇 가지 검사에 관해 설명하며 그의 눈을 바라보았다. 며칠간 잠을 못 잤는지 눈이 몹시 충혈되어 있다. 눈물 자국이 말라있는 눈언저리를 보자 형을 잃은 슬픔이 느껴져 내 가슴도 아팠다. 슬픔이 크면 혼절할 수가 있지만 그만큼 형제간 우애가 대단했구나 하는 생각이 들었다.

그런데 환자가 전에 평행봉 운동을 하고 나서 어지러워 쓰러진 적이 있었다고 한다. 하지만 근무 중에 시간을 내기가 힘들어 제대로 검사를 받아보지 못했노라 했다. 입원 후 여러 검사를 통해 정신을 잃게 한 원인을 찾아보았지만 특별한 이상이 발견되지 않아 고민스러웠다. 문득 환자가 평행봉 운동 후에 쓰러진 적이 있었다는데 생각이 미쳐 그 운동을 시켜보기로 했다.

하지만 병원 어디에도 평행봉 같은 운동장비는 없

어 병원 체력단련장에 있는 근력운동 기구를 사용해 보기로 했다. 환자가 양팔에 힘을 주어 앞으로 기구를 밀어내다가 갑자기 나를 향해 소리쳤다. "선생님, 와요. 와!"

그때 환자의 심전도를 기록하는 모니터에는 빠른 부정맥이 기록되었고 그는 어지러워 쓰러질 것 같다고 했다. 운동을 중지시키니 이내 환자는 정상으로 돌아왔다. 운동하다가 쓰러진 원인이 바로 이것이었을까 다시 한 번 확인하고 싶어 운동을 반복시켜 보았다. 그랬더니 똑같은 상황이 벌어졌다. 운동이나 힘든 일을 하다가는 심장마비 같은 위험한 지경에 빠질 수도 있겠다 싶었다. 기록된 자료를 통해 환자는 가족으로부터 유전된 심장병이 의심되었다. 그로 인해 위험한 부정맥이 생겨 의식을 잃었음도 미루어 알 수 있었다. 그동안 여러 번 쓰러졌다는 일들이 이해되면서 젊은 나이에 갑자기 세상을 떠난 두 형도 같은 병이었을 것이란 생각이 들었다. 아들이 셋인데 모두 같은 병이라니, 이 사실을 그의 어머니가 알면 무어라 할까. 먼저 환자에게 병이 심각함을 알려주었다. 유전병이라고도 말해 주었다. 무척 낙담할 줄 알았는데 오히려 원인을 알게 되었다고 안도하며 "형님들은 원인도 모르고 돌아가셨는데 그래도 저는 운이 좋네요." 했다.

보호자인 어머니는 상복 차림이었다. 둘째 아들을 땅에 묻는 바로 그 자리에서 셋째 아들이 쓰러지는 것을 보게 된 어머니의 충격은 얼마나 컸을까. 그걸 눈으로 보면서도 아무것도 할 수 없던 어머니로서의 무력감과 절망감이 나에게도 전해오는 것 같았다. 어머니의 까칠한 얼굴도 눈언저리도 벌겋다. 첫아들을 잃은 얼마 만에 둘째를 잃은 슬픔, 거기에 셋째까지 이러니 설상가상이지 않은가. 이런 상황에서 아들의 병에 대해 자세히 설명해주는 것조차 고통을 더해주는 것 같아 많이 주저되었다. 더구나 삼 형제 모두 유전병을 갖고 태어난 것이라면 이 모든 것이 당신의 잘못인 양 느껴져 더 죄책감으로 괴로워할 그 앞에서 어떤 말도 위로가 될 수 없을 것 같았다.

뒤늦게 병원을 찾은 아버지도 넋이 나간 사람 같았다. 삼 년 전 건장한 청년이었던 장남을 갑자기 잃은 뒤 술로 슬픔을 달래곤 했던 것이 간경화가 되어 아들을 뒤따라 입원했다. 집안에 남자가 넷이나 되었는데 둘이 저세상으로 가고 남은 둘은 병원에 있으니 '집안이 풍비박산 났다.'는 어머니의 말이 맞는 것 같다.

아버지와 아들을 다 회진하면서 남은 남자 둘을 모두 살려야 한다는 생각에 가슴이 답답해져 왔다. 그러나 내 환자인 막내아들의 치료가 더 급했다. 약물치료로는 생명을 구하기 힘들 것 같아 가슴에 심장마비를 막는 기계를 심자고 했다. 그러나 우리나라에선 처음 해 보는 치료인지라 가족 모두 꺼리는 눈치다. 다행히 환자가 앞으로 살아가야 할 세월이 많다고 생각해서인지 나의 새로운 치료방법에 관심을 보였다.

하지만 어머니는 달랐다. 이미 아들 둘을 잃었는데 막내아들의 심장에는 기계를 심어야 한다니 얼마나 충격이었을까. 그의 마음이 헤아려져 내 가슴도 아려

왔다. 내가 저런 상황이라면 어떻게 할까. 그러나 이런 생각도 잠깐, 나는 수술준비로 신경을 쓰다 보니 그런 어머니의 마음을 헤아리는 배려도 못 해주고 말았다. 그런 나에게 그녀는 "우리 아이가 그 수술을 받는 두 번째 환자일 수는 없을까요." 하며 내 손을 붙들고 울었다. 아직 아무도 받아보지 않은 우리나라에서 처음 있는 수술을 막내아들이 받아야 한다니 하나 남은 아들마저 잘못될까 두려웠던 것이다. 수술은 간단하고 나는 이미 외국에서 많은 경험을 쌓았다고 안심을 시켰지만 그래도 안도하는 것 같지는 않았다.

다행히 수술이 잘 끝났다. 바깥에서 기다리는 어머니에게 사실을 알리니 상중임에도 내게 달려와 환하게 웃음을 지어 보인다. 그리고 "하나 남은 아들을 살려주셨으니 이제 저 아이 아버지도 좀 어떻게 해 주세요." 했다. 간경화로 치료를 받는 남편 걱정이었다. 그러나 바쁜 스케줄 속에서 내 환자도 아니다 보니 자주 확인해 보지 못한 채 시간이 흘러버렸다.

환자가 퇴원 후 몇 달 지나 외래진료실로 왔는데

아버지도 돌아가셨다며 "이제 저만 남았어요." 한다. 마지막으로 남은 아들이라는 얘기인가, 마지막 하나 남은 남자란 말인가. 어떻게 위로를 해야 할지 말이 나오지 않았다. 집안에 남자가 넷이나 되었는데 이제 하나밖에 안 남았다니. 어머니가 너무 힘드시겠다는 말로 위로하려고 했지만 공허한 인사치레일 것만 같았다.

그가 나가는 뒷모습을 보며 '마지막 남자'란 생각을 했다. "선생님, 살려주셔서 고맙습니다." 마지막 남자의 인사말이 화살처럼 가슴 깊이에 박히는 것 같았다.

15년이 지난 지금 그는 청년에서 중년의 가장이 되어있다. 정기적으로 검사를 받는 그는 이젠 환자라기보다 내 막냇동생 같다. 그런 그가 행복하게 사는 모습에 나도 마음이 놓인다. 응급실로 실려 왔던 것이 엊그제 같은데 이만큼 세월이 흘러버렸다.

그는 그의 집에선 유일한 남자다. 그렇기에 나도 그가 이만큼 건강하게 살아주는 것이 고맙기만 하다.

언제까지 내가 그를 더 봐 줄 수 있을지 모르겠지만 그가 오래오래 살아남기를 바란다. 그의 어머니와 아내와 딸들이 있는 그 가정의 마지막 남자로.

생명의 은인

퇴원하는 환자들이 병실을 나설 때의 표정은 다양하다. 환자와 가족이 모두 의료진에 고마워하는가 하면, 진료에 만족하지 못해서인지 눈도 마주치지 않는 경우도 있다. 대부분 의례적 인사만 나누고 총총히 떠나는 일이 보통이라 감사 표시를 하더라도 '생명의 은인' 같은 거창한 말을 듣는 일은 드물다. 의료비 지불하고 치료받았으니 아예 그런 말이 어울리지 않는지도 모르겠다. 그런데 K는 달랐다.

K는 20년 전 응급실에서 처음 만났다. 위출혈이 있어 다른 곳에서 치료를 받다가 출혈이 멈추지 않자

우리 병원으로 실려 왔었다. 그의 아내는 상태가 심각하다고 여겼던지 초등학생인 두 아이를 만약의 경우 아빠의 유언을 듣게 하려고 환자의 침대 옆에 있게 했다. 환자는 위세척 치료 중 전부터 앓고 있던 가슴떨림증이 도져 맥박수가 1분에 200회까지 올라가게 되었다. 출혈에다 심장에 이상이 생겨 혈압이 더 떨어지니 환자도 그 아내도 절망상태가 되었다. 그럴 때 내가 연락을 받고 응급실로 가게 되었다. 출혈에 대해서는 해당 진료팀에서 대책을 세워놓고 응급치료를 하는 상태였다. 나는 환자의 손을 잡으며 "낫게 해드릴게요, 걱정하지 마세요." 했다. 내 말에 환자와 가족은 몹시 놀라는 표정이었다. 조금 전까지도 응급실 의료진으로부터 환자 상태가 위험할 수 있으니 가족에게 연락하라 했는데 나중에 나타난 의사가 걱정하지 말라니 놀랄 만도 했다. 빠른 맥박을 가라앉히는 주사치료로 가슴 떨림을 일단 멈춘 후 병실로 옮겨 위출혈에 대한 본격적인 치료를 받게 했다. 상태가 안정되었다. 그러자 K는 입원한 김에 심장 치료도 받겠다고 했다. 다음 날 간단한 심장 시술을 받고 그의 가슴 떨림증이 완치되었다. 그러자 환자와 가족은 나에게 생명의 은인이라고 했다. 사실 그 당시 시간을 다툰 심각한 문제는 위출혈이었다. 그러나 심장 의사로 내가 마지막에 그를 돌보았고 가슴떨림증까지 치료해 준 연유로 본의 아니게 모든 병을 낫게 해 준 것처럼 과분한 치사를 받게 된 것이다.

K는 퇴원하자 그가 운영하는 음식점으로 내 진료팀 모두를 초대했다. 여름도 되었으니 교외의 경치도 즐기면서 보신을 하라는 것이었다. 나를 보기 위해 벌써 와서 기다리고 있던 친지들에게 K는 자기를 살려 준 의사 선생님이라고 나를 소개했다. 사실 나는 그때 응급실에서 그의 손을 잡고 내 전공인 심장병에 관해서만 얘기하며 낫게 해주겠다고 안심시켰을 뿐이었다. 그런데 K와 그의 아내는 어린 자식들에게 유언해야 될지도 모를 불안에 떨고 있었는데 낫게 해 주겠다는 나의 말에 어둠 속에서 빛을 본 것 같았다고 했다. 아마 모든 병을 다 치료해 주겠다고 약속하는

말로 알아들었던 것은 아닐까. 식사 중에 동료들이 K의 생명을 구해 준 것은 위출혈을 치료한 의사들 아니냐며 웃으면서 나를 놀렸다.

그러나 그 후로도 여러 번 그의 음식점에서 보양식을 즐긴 것을 보면 나도 모르게 생명의 은인 행세를 톡톡히 한 셈이었다. K는 병원에 전화를 걸어 나의 스케줄을 미리 알아보고는 매달 한 번씩 식사를 대접했다. 여름에는 2주에 한 번꼴로 나오라고 연락을 하여 내가 정말 생명의 은인이구나 하는 생각마저 들게 했다. 그래서인지 매번 나와 같이 먹으러 가는 동료들도 이젠 부담을 느끼는 것 같지 않았다. 그만하면 은인까지는 아니더라도 대접을 받을 만하다고 생각이 들어서일까. 그럼에도 그가 우리를 대하는 태도는 한결같아 놀랍기만 했다. 그 일 후 오랜 세월이 지났음에도 여전히 지극한 대접을 해주고 있으니 말이다. 아무리 자기 병을 낫게 해 준 의사라고 해도 한 번 대접하거나 선물을 주어 고마움을 표시하고 마는 것이 보통인데 요즘 같은 세상에서는 볼 수 없는 구세대 환자가 아닌가 싶다.

  그 일 이후 생명의 은인이라는 호칭을 들어 본 적이 없다. 더는 구식 환자들을 만나지 못해서인가, 내가 은인이라 불릴 만큼 진료를 잘 해내지 못해서일까. 의료도 사고파는 것으로 생각하는 신식 환자들뿐인 요즘에 구식 환자를 잊지 못하고 환자 타령을 하는 나야말로 구세대 의사임이 틀림없는 것 같다. 그래서 다시 여름이 되면 보양식으로 호사할 때를 그리워하며 K의 진정 어린 표정을 염치없이 떠올리게 된다.

  오랜만에 직장 근처에서 보신을 좀 하자는 동료에게 나도 한소리 해 본다. "혹시 누구 생명의 은인이 되셨습니까?"

엄니, 아들이래유!

　전문 직종에서 경험이 쌓이고 실력이 붙으면 자기도 모르게 권위가 나타난다고 한다. 더러는 본인이 그렇다고 착각하는 사람도 있지만 많은 경우 타인의 눈에도 보이는 것이 보통이다. 법관은 공정한 판결로 법정과 사회에서, 의사는 고통을 덜어주고 꺼져가는 생명을 살려냄으로 환자에게 인정을 받게 된다.
　그런데 언제부터인가 이런 전문직의 권위가 폄하되는 것 같아 씁쓸해진다. 전문직의 수효가 너무 많아져서일까 아니면 그들이 이름에 걸맞게 일을 해내지 못해서인가.

30여 년 전 지방 도립병원에서 인턴근무를 했을 때다. 그 당시 인턴은 병원에서 밤에 일어나는 대부분의 일을 처리했다. 인턴이지만 환자나 보호자에게는 원장이었다. 밤에 깨어있는 의사가 하나뿐이니 야간 원장이 분명했다. 원장이 너무 젊다고 미더워하지 않은 보호자도 간혹 있었지만 간호사의 자상한 설명으로 그때마다 잘 넘어가곤 했다. 그러나 낮에는 별문제가 없다가도 밤만 되면 응급환자를 보는 것이 너무 힘들어 정말 밤이 무서워지기까지 했다. 해당 진료과의 과장님이나 레지던트에게 도움을 청하는 일도 처음에는 간혹 있었지만 한 달쯤 지나자 왠지 모를 오기에 자신감도 생기면서 밤에 생기는 모든 일은 야간 원장 소관이 되었다.

응급실 당직을 하다가 자정이 넘어 잠깐 눈을 붙이고 있는데 산모가 왔다는 간호사의 전화에 화들짝 놀라 일어났다. 낮에도 경험해 보지 못한 일이라 약간은 흥분도 되었지만 아기를 한 번도 내 손으로 받아본 적이 없다는 사실에 그 산모가 갑자기 야속해졌다. 하필 내 당직에 산모라니, 낮에는 뭐하고 이제야 나타나는 건가. 전화를 받고 나서 산부인과 레지던트를 부를까 하다가 아기도 한번 받아보고 싶다는 생각에 가운을 챙겨 입기 시작했다. 이런 내 마음을 눈치라도 챘는지 "레지던트 선생에게 연락할까요?" 하고 다시 전화로 물어오는 간호사에게 환자를 먼저 보겠다고 했다.

환자로부터 그동안의 경과를 듣고 간단한 진찰로도 서둘러야겠다는 생각이 들었다. 분만실로 향하는 내게 간호사가 귀띔을 해주는 게 있다. 이미 딸이 셋이나 있는데 이번에는 꼭 아들이어야 한다고. 그게 어떻게 의사 맘대로 되는가 고민하다가 이럴 때는 레지던트의 도움을 받는 게 낫겠다는 생각이 들었다. 그러나 경험 있는 의사라고 해서 아들 받아내고, 풋내기라고 딸 받는 것은 아니지 않은가 하는 생각이 들자 내가 해보기로 마음을 고쳐먹었다. 분만실로 들어가는데 입구에 서 있는 한 할머니가 눈에 들어왔다. 친정어머니인가 싶었는데 시어머니란다. 비장한 표정의 할머니 눈빛이 나를 주눅 들게 했다. 아들이 아니면 무슨 일을 낼 것 같은 표정이었다. 그래도 내가 밤에는 원장인데 마음을 단단히 고쳐먹고 분만실로 들어갔다. 난방한다고 미리 켜둔 석유 난로에서 불꽃 올라오는 소리가 석유 냄새와 함께 휑한 방을 덮고 있었다. 그런데 분만을 어떻게 진행해야 하는지 학교에서 배운 것은 하나도 기억나지 않는데 신기하게도 애를 절대 떨어뜨리면 안 된다는 것만 생각났다. 그 많은 수업시간에 배운 것 중 기억나는 것이 이것뿐이라니 산부인과를 열심히 공부하지 않은 게 후회되었다. 그렇다고 물러설 상황이 아니었다. 벌써 아기 머리가 보이기 시작했다. 너무 긴장하면 손이 굳어질까 봐 수술복을 입은 채로 간단히 손 운동, 팔 운동을 하여 몸부터 풀었다. 다행히 큰누나뻘의 노련한 분만실 간호사의 도움으로 무사히 아기를 받아냈다. 아기가 미끄러웠지만 미리 손을 풀어서인지 침착하게 탯줄을 자르고 있는데 거의 반쯤 일어난 자세로 "아들이에유?" 하며 산모가 큰 소리로 물었다. "네, 아들입니다." 하고 내가 큰 소리로 대답하자마자 갑자기 산모가 입구를 향하여 "엄니, 아들이래유!" 하고 고함에 가깝게 소리쳤다.

아침에 회진을 따라 도는데 어떤 보호자가 나를 찾는다고 했다. 지난밤에 본 그 시어머니가 분명한데 어제와는 달리 인자한 표정으로 나를 기다리고 있었다. 손에는 큰 정종병을 들고 있었다. 아들이 귀한 집안에 고추를 보게 해준 신통한 젊은 의사에게 고마움을 표현하려는 모양이었다. 막걸리를 받아오셨나 생각하고 있는데 "우리 집 소한테서 짜온 거에유." 하는 순간 그것이 우유인 걸 알았다. 풋내기 의사가 남의 집 귀한 아들을 받아냈고 사례까지 받았다는 사실에 감격하여 회진시간 내내 내가 괜히 커 보이면서 어깨에 힘이 들어갔다.

점심시간에 정종병을 들고 숙직실로 갔다. 식사하던 동료들에게 간밤의 무용담을 들려주면서 아직도 따스한 우유의 맛이 어떨까 궁금하기도 하여 신문지로 뭉친 마개를 열고 나눠 마셨다. 역한 풀냄새와 함게 진한 맛이 느껴졌지만 처음 받은 선물인지라 감격하여 나만 몇 잔을 연거푸 마셨다. 그런데 부족한 잠을 보충하느라 잠시 눈을 붙이고 나서 가운을 입고 병실로 가려는데 갑자기 배가 불안해지기 시작했다. 심상치 않은 장 운동이 불길하게 느껴지면서 배가 살살 아파지는가 싶더니 식은땀이 나기 시작했다. 변기에 앉아 '왜 이럴까?' 생각하는데 그 우유가 의심되었다. 전혀 희석되지 않은 순도 100% 우유를 그렇게나 많이 마셨으니 내 창자가 견뎌내지 못하고 자극을 받아 경련을 일으킬 만도 했다. 아마 우유가 지체하지 않고 무사통과를 하는 것 같았다. 몇 차례의 본격적인 대규모 통과의식이 있고 나서 병실로 가려는데 입이 마르고 다리가 후들거렸다. 아기 받았던 일이 다시 새로워지면서 아픔을 참아가며 마지막 힘을 주던 산모의 얼굴이 떠올랐다. 의사도 이런저런 고통을 겪으며 성장하는 게 아닐까. 거울 속의 내 얼굴을 보았다. 처절한 통과의식을 치르고 나서인지 내 얼굴의 색깔은 아까의 그 정종병 안 내용물과 비슷했다. 그런데 그사이에 내 눈에도 분명 얼마큼은 권위가 있어 보이는 의사로 바뀌어 있었다.

  30년 전의 이런 경험을 지금 해야 한다면 할 수 있을까 반문해 보니 고개가 가로 저어진다. 권위는 거울 속에 보이는 내가 아닌 거울 밖의 다른 이들에 의해 주어지는 것일 텐데 나의 경우는 어땠을까. 아니 세월이 많이 지난 지금은 어떨까. 분만실의 그 산모와 노심초사하던 시어머니에게 젊디젊어 전혀 믿음이 가지 않았을 그 얼굴이 웬일인지 생생하게 그립다. "엄니 아들이래유!" 힘들기만 한 요즘 사람들과 함께 다시 그런 환희의 목소리를 듣고 싶다.

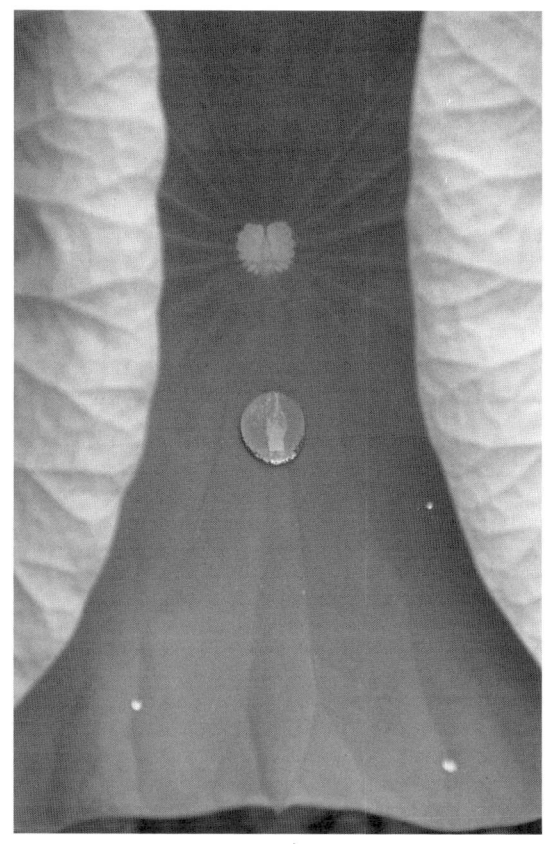

엄니 아들이래유! 59

에어 앰뷸런스

어려서부터 한 번 마음에 정한 것은 쉽게 바꾸지 않았다. 어머니는 이런 나를 고집이 세다고 했지만, 남자애니까 그런가 하셨단다. 하지만 되짚어 보거나 깊게 헤아려 보질 않는 나는 나중에 후회할 때가 자주 있었다. 신속하게 행동으로 옮겨 결단력 있고 부지런하다는 말도 들었지만 조급한 성격으로 낭패를 보기도 했다.

30년 전 캐나다 에드먼턴의 대학병원에 근무할 때다. 당직을 서는 어느 날 밤 중환자실에서 전화가 왔다. 병원 밖에서 환자가 생겼는데 내가 에어 앰뷸런스로 데리러 가야 한다고 했다. 그냥 앰뷸런스가 아닌 에어 앰뷸런스라는 말이 금방 이해가 되지 않았다. 간호사에게 여러 번을 묻고서야 '이누빅'이라는 북극지방에 있는 마을에 환자가 생겼는데 비행기로 이송해야 한다는 것을 알게 되었다. 북쪽으로 2천 킬로미터나 떨어져 있는 곳이라니 잘 상상이 가지 않았다. 이제 겨우 몇 마디 알아듣는 수준의 영어를 하는 내가 그것도 수천 킬로나 떨어진 곳에 있는 환자를 비행기로 데려와야 한다는 것이 엄두가 나지 않았지만 내 성격에 오래 생각지 않고 간다고 해버렸다. 외국에서 처음 근무하게 되어 모든 것이 새롭지만 이것이야말로 놓칠 수 없는 기회라고 생각되었기 때문이다. 그러나 말도 더듬거리는 내가 미덥지 않았던지 그 간호사는 추운 곳인데 정말 갈 수 있겠느냐고 재차 확인하면서 다른 의사가 갈 수도 있다고까지 했다. 하지만 나는 우비 같은 두꺼운 북극용 방한 재킷을 먼저 챙겨 입고 6인승의 작은 프로펠러 비행기인 에어 앰뷸런스에 올라탔다. 이윽고 3시간쯤 지나자

목적지에 다 왔다고 간호사가 말한다. 나는 그제야 하강하는 비행기에서 아래를 내려다보았다. 바깥은 온통 깜깜한데 반짝이는 불빛들이 그곳이 작은 공항의 활주로임을 알려 주고 있었다. 비행기 출입문이 열리자 영하 30도의 싸한 찬 공기에 눈이 뻑뻑해져 버렸다. 이러다 눈물샘까지 얼어버리는 것이 아닌가 걱정이 되었다. 앰뷸런스로 도로표시도 없는 눈 덮인 길을 한참 달려 통나무로 아담하게 지어진 병원에 도착했다. 반갑게 인사를 나눈 당직 의사는 먼 데까지 오게 해서 미안하다고 하며 앰뷸런스 비행기를 부른 것이 잘한 것인지 모르겠다고 했다. 그 의사는 낮에는 연락을 안 하다가 항상 한밤중에 전화를 걸어 에어 앰뷸런스를 보내달라고 한다는 간호사의 귀띔에 짐 덜었다는 표정을 짓는 그 의사가 얄미웠다. 북극까지 사람을 불러 놓고는 부른 것이 잘한 것인지도 모르겠다고 하다니. 환자는 심근경색으로 진단받아 약물치료 중이었다. 비행기에 환자를 태우니 공간이 좁아져 불편했지만 환자 상태는 그나마 많이 안정되어 다행이었다. 돌아오는 비행기에서 밖의 번쩍번쩍하는 섬광을 가리키며 조종사는 저게 바로 오로라(극광)라고 했다. 신기하고 아름다웠지만 환자를 두고 그걸 즐길 기분은 못되었다. 더구나 북극으로 갈 때와는 달리 돌아오는 길에는 이상기류에 비행기가 심하게 흔들리며 급하강하기를 여러 차례 등에선 식은땀이 나고 입안은 바싹 타올랐다. 불과 몇 시간 전까지만 해도 두 발로 땅을 딛고 서 있었는데 왜 내가 이런 곳에서 불안에 떨게 되었는지 후회가 되었다. 북극으로 떠나기 전 간호사가 정말 갈 수 있겠느냐고 물었을 때 좀 더 신중할 걸, 아내와 아들의 얼굴이 떠오르며 나만 홀로 외딴 별에 와 있는 것만 같았다. 조종사와 간호사는 이 정도야 하는 익숙한 표정이었지만 환자는 오히려 걱정스레 불안에 떨고 있는 나를 바라보고 있었다. 나는 그런 중에도 의사라는 책임감으로 환자에게는 이상기류 때문에 기체가 흔들린다고 설명했는데, 좋은 치료를 받으러 후송된다는 기대 때문인지 환자는 내 말에 별로 신경 쓰는 것 같지 않았다. 오히려 금방 괜찮아질 거라며 나를 안심시켜 주었다. 기체가 안정되자 긴장이 풀려 꾸벅 잠이 들었나 보다. 도심의 불빛이 많이 보이면서 착륙을 위해 기체는 서서히 하강하기 시작했다.

환자를 중환자실에 입원시키고 병원 밖으로 나와 별이 총총한 북쪽 하늘을 바라보며 땅을 밟고 있다는 사실이 새롭게 느껴졌다. 북극까지 갔다 온 후송시간은 10여 시간의 여정이었건만 오랫동안 가족과 떨어져 있었던 것처럼 느껴졌고 그사이 수많은 일이 일어난 것 같았다. 2,000km나 되는 하늘길을 에어 앰뷸런스를 타고 환자를 후송해 온 것은 흥미로운 일이었지만 내가 겪은 많은 일들이 놓칠 수 없는 좋은 경험이 되었는지는 모르겠다. 좀 더 나은 치료를 위해 환자를 안전하게 데려왔다는 사실에 안도하였지만 급한 성격에 깊이 생각지 않고 결정해 버리는 단순함 때문에 고생을 사서 한 것 같은 느낌을 지울 수 없어 입맛이 씁쓸했다. 그러나 일단 마음에 들면 앞뒤를 가리지 않고 바로 행동으로 옮겨버리는 나를 제대로 알게 되었다는 것도 좋은 경험이지 않을까. 에어 앰뷸런스라는 말을 들으면 눈 덮인 북극의 자그마한 공항 활주로와 함께 가족들을 떠올리며 불안에 떨던 그때의 내가 기억되어서인지 북극에 있는 것처럼 눈부터 금세 뻑뻑해지곤 한다.

2.
직업병

밥 대신 빵 | 직업병 | 관할구역 | 깝이 | 똘이네 가족 1
똘이네 가족 2 | 사투리 | 할아버지의 유산

밥 대신 빵

어릴 때부터 고지식하다는 말을 종종 들었다. 그래서인지 친구들과 놀 때도 속임수에 빠지는 일이 많았다. 남의 말을 뒤집어 생각해보기도 해야 하는데 말 그대로를 믿는 고지식함 때문에 낭패를 보곤 하였다. 어머니가 남들에게 내가 그렇다고 말씀하실 때는 그 말뜻을 잘 몰라 그냥 고집이 세다는 것인 줄 알았다. 나이가 들면서 생각이 유연하고 약지 못해 어려운 일을 겪을 때마다 그 말의 진짜 뜻을 깨닫게 되었다.

초등학교 3학년 새 학기가 시작되고 얼마 지나서였다. 교실에서 유난히 장난이 심했던 나는 담임선생님으로부터 야단맞는 일이 많았다. 그날도 옆자리의 짝과 수업 중에 팔씨름을 하는데 칠판에 무언가를 쓰시다가 갑자기 돌아선 선생님에게 들키고 말았다. 팔씨름하자고 먼저 선동한 죄로 교실 밖 복도에 나가 두 손을 들고 벌을 서라는 판결을 받았다. 언제까지라는 말도 없는 채로. 1교시가 끝나는 종소리가 울리고 반 동무들이 우르르 나와 나를 불쌍한 듯이 내려다보는데 쥐구멍에라도 들어가고 싶었다. 옆 반의 학생들은 "너 왜 여기 있니?" 하고 호기심으로 물었지만, 대답은 나오지 않았다. 시간이 흐르면서 팔이 저리고 무엇보다 소변을 참기가 어려워졌다. 4교시가 지나 수업이 파했는데도 선생님은 나를 부르지 않았다. 담임선생님은 복도에서 벌서고 있는 나를 까맣게 잊고 있었던 것이다. 청소까지 마치고 집으로 돌아간 친구들의 신고로 달려오신 어머니의 긴급구조 덕택에 풀려나긴 했지만 참으로 길고 긴 하루였다. "1교시 쉬는 시간에 왜 선생님께 얘기하지 그랬어?" 집으로 돌아가는 길에 어머니는 그런 선생님의 무심함에도 야속해 하셨지만 내가 너무 고지식한 것에 더 답답해하시는 것 같았다.

그 이후로도 그런 나의 성격은 고쳐지지 않았다. 좋게 생각해주는 사람도 있었지만 그렇지 않은 경우도 많았다. 그런데 이상한 것은 어쩌다 이런 나와 비슷한 사람을 만나면 오랜 지기라도 된 듯한 느낌을 받는 것이었다. 답답한 사람을 만나면 불편하지 않고 너무 융통성 있고 매끄러운 사람을 만나면 오히려 미덥지가 않아 불안해지기도 했다.

진료하다 보면 환자도 다양하여 나같이 고지식한 사람이 있는가 하면 그 반대인 사람도 있다. 의사의 말을 잘 따라 주는데도 왠지 답답한 사람이 있는가 하면 행간의 의미를 너무 잘 헤아려 시원하기는 해도 미더움 대신 불안한 생각이 들게 하는 사람도 있다.

언젠가는 다음 날 아침 시술을 받기 위해 입원한 환자에게 자정부터는 물도 마시지 말고 아침에 밥도 먹지 말라고 한 적이 있다. 그런데 당일 아침 시술장에 나타난 환자는 "아무것도 안 드셨죠?" 하는 내

물음에 "밥 먹지 말라고 해서 빵 먹었는데요." 해서 나를 당황케 했다. 그 환자가 너무 고지식한가 아니면 융통성이 지나친가 혼동되기도 했지만 그리 밉지는 않았다. 빵을 먹기는 했지만 의사 말 그대로 밥은 먹지 않아서일까. 어쩌면 그를 통해 고지식하기 이를 데 없다는 나를 본 것은 아니었을까.

직업병

요즘 들어 부쩍 컴퓨터 화면을 보기가 힘들다. 과거와 현재의 환자 상태를 자세히 들여다봐야 하는데 눈이 시리고 눈물이 나서 진료시간이 길게만 느껴진다. 자연스러운 생리현상인가 아니면 진료실과 시술실에서 모니터를 너무 많이 봐서 생긴 병인가. 수술실에서 머리를 숙이고 오랜 시간 수술을 하는 동료가 목 디스크로 고생하고 있음이 문득 떠올랐다. 직업병은 회복이 잘 안 된다니 남의 일 같지가 않다.

이런 생각을 하며 첫 환자를 기다리는데 갑자기 진료실 복도가 시끄럽다. 가끔 병원 서비스에 불만인 환자들이 목소리를 크게 내는 일은 있지만 이번엔 뭔가 달랐다.

"내 기계 빼달라고요!" 분명 내 환자인 K의 목소리다. 떼를 쓰다 못해 울부짖는 소리다. 내가 뭘 잘못한 걸까 생각해 보지만 짚이는 게 없다.

그녀는 12년째 병원에 다니고 있다. 심장마비가 왔으나 다행히 응급처치를 받고 살아난 후 자그마한 기계를 가슴에 심는 수술을 받았다. 여태까지 무사히 지내왔는데 그 기계를 몸에서 빼내어 달란다. 그러면 심장마비가 또 올 땐 어떻게 하겠단 말인가. 환자보다 내가 더 걱정이다.

고함에 기가 막혀 하는 내게 속내를 털어놓는다.

남편과 헤어지고 생활도 어려운데 병원에 계속 다녀야 하는 게 부담이란다. 평소에도 표정이 밝진 않았지만, 햇볕에 그을린 얼굴이 더 어둡다. 내 마음도 따라 무거워진다. 이젠 삶에의 애착도 없다고 한다. 거리에서 트럭에 과일을 펼쳐놓고 장사를 해 왔는데 잘 팔리지도 않고 최근엔 단속에도 여러 번 걸려 그때마다 벌금을 냈다고 한다. 그렇게 하루하루 살기가 힘들다 보니 모두 다 포기하고 싶단다. 앞으로 돈이 드는 검사나 시술은 안 하겠단다.

진료비도 감해주고 달래서 간신히 돌려보낸 지 한 달이 지났을까. K로부터의 전화다. 이제 정말로 기계를 빼달라고 할까 봐 더럭 겁이 났다. 그런데 팔다리가 저리고 아픈데 이게 심장병과 연관 있는 거 아니냐는 전화 상담이었다. 최근에 스트레스를 받아 생기기 시작한 증상인데 그것 때문인가도 물어왔다.

처음에 K의 상태가 위중할 때는 급한 불을 끄느라 고민하다가 수술 후에는 한동안 심장이 나빠지지 않고 있어 조마조마하며 경과를 관찰하느라 몇 년을 보냈는데 이제는 생활고 때문에 진료마저 포기하려는 환자를 보니 다시 가슴이 답답해진다. 10여 년간 걱정거리가 모양을 달리해 꼬리를 물다 보니 이젠 그에게서 전화만 와도 머리가 아득해지고 가슴이 뛰곤 한다. 나의 이런 불안증세도 직업병에 의한 것으로 볼 수 있을까. 환자를 위해 몸과 마음을 다 쓰는 것이

의사라지만 이런 것도 만성이 되어버릴까 봐 걱정이다.

그녀는 지난 주말에도 단속에 걸렸단다. 동네 가게로부터 신고를 받고 나온 단속반원을 따라 구청에 가서 또 벌금을 냈다는 것이다. 거기다 바로 옆에 다른 과일 노점상이 또 생겨 신경이 쓰인단다. 그것 때문인지 여기저기 아픈 데가 많다고 한다. 그런데 "걱정되겠어요?" 하는 내 질문의 대답이 뜻밖이다.

이제 다 내려놓았단다. 마음을 비웠다고도 했다. 벌금 한 번 내면 하루 벌이를 다 날린다고 하면서도 아들들이 아르바이트를 해가며 열심히 살려고 해 신통하다는 말을 잊지 않는다. 하늘에 다 맡겼으니 이제 걱정 안 한다고 했다. 그 말에 도리어 내가 걱정이다. 한 푼이라도 더 벌어야 할 텐데 웬 여유란 말인가.

내려놓고 비웠다는 말을 환자에게서 들으니 왠지 새롭다. 이런 말은 스님이나 목사님한테서만 듣는 것으로 알고 있는데. 그렇게 못하는 나를 보게 되어서일까.

얼마 후 다시 진료실에 나타난 그녀는 병원에 다니면서 알게 된 다른 환자들과 가족이 일부러 찾아와서 과일을 팔아주었다며 기쁜 표정이다. 마음을 비운 후로 단골손님도 늘었다고 했다. 그런데 "앞으로도 계속 손님이 줄을 이어야 하는데…." 하는 그녀의 혼잣말이 마음에 걸린다. 하루에 매출이 최소 삼십만 원은 되어야 한다는데 그녀가 어려움을 잘 헤쳐나갈 수 있을까 내 가슴이 또 뛰며 답답해진다. 나도 K처럼 내려놓을 것은 내려놓고 맡기면 될 텐데 의원생활 삼십여 년에 세심하다 못해 오히려 소심해진 연유인가. 역시 직업병이 맞는 것 같다.

한편 그녀가 마음을 비운 만큼 가게는 손님으로 채워지리라는 생각이 드는 것은 또 뭔가. 나도 마음만 내려놓으면 이 모든 증세가 회복될 수 있다는 나에게 거는 최면인가.

직업병 77

관할구역

지하철역을 나오다가 쓰레기 묶음을 보았다. 수거 차량이 옆에 있는 것으로 보아 이 동네 쓰레기를 정리하는 것 같았다. 그런데 길 건너의 찻길과 보도에는 쓰레기가 마구 흩어져 있어 눈이 어지러웠다. 아마 이쪽 담당의 구역이 아니어서인가 생각이 들었다.

오래전 대학병원의 신경과에 전공의로 근무할 때였다. 나이가 들면 거동이 불편하고 운동량이 적어서 그런지 변비를 호소하는 환자들이 많았다. 완화제를 먹여도 아침이 상쾌하지 않다고 하면 다른 수를 쓰게 마련이다. 이 병실 저 병실을 돌면서 변비 환자들을 위해 관장서비스를 하는 것은 인턴의 주요 업무로 자연 그의 행보가 문제의 환자들에게는 관심을 끌 만했다. 하루는 내 인턴이 어떤 환자에게 관을 삽입한 후 관장액을 막 주입하려던 참이었다. 그런데 갑자기 그 옆의 환자가 "나도 하면 안 됩니까?" 하고 물었다. 그때 인턴 선생 왈 "관할구역이 달라요!" 했다.

 그 당시 각 가정 화장실의 분뇨도 수거원들이 손수 어깨에 메는 질통을 이용하여 수거하던 시절이었다. 그것을 구청 청소과의 분뇨처리차가 정해진 구역을 돌면서 받아갔다. 따라서 수거 차량은 해당 구역의 것만 처리하였다. 관할구역 운운하는 인턴 선생의 대답을 이해하지 못하고 다시 물으려는 환자에게 "환자분은 다른 인턴 선생이 담당하므로 그 선생께 말씀하세요!" 하고 내가 보충설명을 하자 비로소 알겠다는 표정을 지었다. 아무리 병원이라 해도 내 담당 환자가 아니면 그냥 같은 병실에 들어와 있는 이웃으로만 보여 위급상황이 생길 때나 환자로 봐주게 되었다.

 이런 환경 속에서 일하는 데 익숙해지다 보니 집에

와서도 그것이 이어질 때가 많아졌다. 퇴근하여 집에 오면 사정이 달라지는데도 말이다. 관할구역이 모호할 때가 더 많기 때문이다. 그래서 짜증이 날 때도 있다. 집에서는 관할구역 논리가 왜 안 통하는지. 그러나 사실은 집안일에서는 빠지고 쉬기나 했으면 하는 바람으로 관할구역 타령을 하는 나를 보게 된다. 아내의 일과 나의 일을 나누어 해야 할 때도 있지만, 집안일이란 그렇지 않을 때가 더 많다. 바깥에서 너무 나누기에 익숙해 있다 보니 안에서는 같이 하는 것이 오히려 낯설고 어색해지는 것 같다. 아내에게는 밖에서 땀 흘리는 남편으로, 아이들에게는 까다로운 아버지로 겹겹이 내 주위에 보호막을 치고 살다 보니 어느샌가 내 구역 내 할 일이 몸에 배어 버렸는지도 모른다. 문득 몇 년만 있으면 아이들도 집을 떠나고 아내와 나만 남게 될 텐데 그때도 그럴까 봐 걱정이 앞선다.

기러기 아빠로 아내와 오래 떨어져 살았던 ㅁ이 생각난다. 자녀들이 대학엘 가고 나서야 다시 아내와

관할구역 81

합치게 되었는데 반갑기보다는 더 불편하다고 했다. 혼자서 하던 일도 아내와 같이하게 되니 더 어색하고 낯설어 기러기 때가 더 편했던 것 같다고 했다. 너무 빠르게 변하는 글로벌시대에 살면서 나누는데 길들다 보니 떨어져 사는 것에도 익숙해져 버린 것일까. 생활은 풍요로워졌지만 가족은 자꾸 나누어지다 못해 아주 떨어져 사는 사태가 남의 나라 일이 아니다. 그렇다면 집안에서도 관할구역을 만들다 보면 마음도 나누어지고 같은 공간에 있어도 진짜 가족이 아닌 거로 여기게 되지는 않을까. 나도 이런저런 핑계로 나의 울타리를 만들어 놓고 그 안에 숨어 같이 산다고 하면서도 기러기 노릇을 했던 때가 많았다. 이제라도 관할구역 타령은 접어두고 내 구역 네 구역 구분 못하는 것처럼 넘나들어야 하지 않을까. 그게 제대로 사는 모습일 것 같다.

깜이

 같은 병을 앓아도 환자마다 경과가 다른 것은 왜일까. 병으로 오래 고생을 하면 의지도 약해져서인가. 아픈 몸을 돌보며 마음마저 보듬어 줄 수 있다면 많은 이들이 고통을 더 덜 수 있을 텐데. 그러려면 역시 가족밖에 없다는 생각을 하며 진료실로 내려갔다.
 김 노인을 처음 만난 것은 이 년 전이었다. 현역으로 회사를 이끌면서 쌓이는 스트레스로 당뇨와 고혈압에 부정맥이 잘 조절되지 않아 항상 초조하고 걱정이 많았던 환자였다. 그래서 입원과 퇴원을 반복하며 어느덧 병원의 단골 고객이 되었다. 그런데 어느 날부터 환자의 얼굴이 밝아졌다. 웃음도 많아지고 맥박과 혈압도 안정되고 혈당도 조절이 잘 되었다. 이런 일이 있을 수 없는데, 혹시 나 모르게 비밀스러운 민간요법이라도 쓰고 있는 것은 아닐까 하여 물으니 딸 덕분이란다. 역시 가족이 최고의 명약이구나 생각하는데 환자는 건물 밖 녹지에서 기다리고 있는 당신 딸을 내가 꼭 만나봤으면 한다고 했다. 얼마나 자랑스러운 딸이기에 자기를 진료하는 주치의에게까지 만나보라고 하는 것일까. 마침 진료도 끝나서 병원 구내의 숲으로 향했다. 아버지가 칠십 대이니 효심 깊은 중년의 부인이 나를 기다리고 있을 것 같았다.

그런데 나를 기다리고 있는 것은 까만색의 잘 생긴 시바종 암캐가 아닌가. 의젓한 자세로 나를 응시하는 눈빛이 맑고 영리해 보인다. 다부진 체격에 걷는 모양새도 당당하다. 주인과 내가 가까운 사이인 것을 알았는지 다가와 제 몸을 내 손에 비비며 호감을 보이더니 이내 내 발 앞에 손을 모으고 얌전히 앉는다. 개들은 개를 좋아하는 사람을 금세 알아본다더니 그래서인가. 그런데 어떻게 딸이 되었을까.

 삼 년 전 어느 지방대학의 애견학과 학생들이 애견 쇼에 출연키 위해 여섯 마리의 개를 데리고 서울에 왔단다. 쇼를 마치고 잠실 사거리에서 신호를 기다리던 중 버스 소음에 놀랐던지 한 마리가 일행에서 벗어나 길을 잃고 졸지에 유기견이 되었다. 한 달여를 노숙하며 연명하다가 병이 들어 길가에 쓰러져 있었는데 마침 지나가던 김 노인에게 발견되어 운명이 바뀌게 되었다. 평소에 동물을 좋아하던 노인은 측은한 마음에 개를 안고 동물병원에 입원시켜 치료받게 했다. 그러는 동안 주인을 찾기 위해 경찰청에 신고해 전국에 광고를 냈다. 한 달여가 지나 그 대학으로부터 연락이 왔다. 하지만 그동안의 입원비를 감당하기 벅찼던지 노인에게 잘 키워달라고 부탁하며 돌아갔단다. 노인은 갑자기 개 한 마리가 생겨 부담은 되었지만, 이것도 좋은 인연이라며 잘 키워보겠다고 마음먹었다. 털이 까만색이라 '깜이'라는 이름을 지어주었다.

사장실 옆의 빈 곳에 거처를 마련해 주자 기력을 회복한 녀석은 이내 내가 살 곳은 여기라고 생각했던지 새 보금자리에 적응해 가기 시작했다. 아침이면 회사 출근 시간에 맞춰 주차장에 나와 반갑게 주인을 맞고 사무실에 함께 들어와서는 근무시간 내내 떠나지를 않았다. 짖거나 뛰는 법이 없이 항상 노인 옆을 졸졸 따라다니며 벗이 되어주었다.

그런 깜이 덕인지 김 노인의 스트레스도 줄고 그래선지 병세도 급격히 좋아졌단다. 회사 일로 고민이 많은 주인과 눈을 맞추다가 고개를 갸우뚱하며 쳐다보는 녀석은 이렇게 말하는 듯했다. "마음 편히 가지시고 느긋하게 하세요." 그런 깜이를 볼 때마다 노인은 마음의 평화를 찾곤 했단다. 깜이는 평소 조용한 편이지만 주인에게 감정을 표시하는 데는 적극적이어서 주인이 자기에게 관심을 안 두면 다가와 몸을 비비거나 꼬리로 탁탁 치며 왜 나를 홀로 내버려 두느냐고 말하는 듯했다.

그런 깜이가 세 마리의 시바견 새끼를 낳고 나서는

더욱 감동하는 때가 많아졌다고 한다. 노인의 초청으로 회사를 방문했을 때 깜이는 눈도 못 뜨고 꼬물거리는 새끼들을 열심히 품 안으로 끌어들여 젖을 먹이고 있었다. 노인은 분만 후 수유하느라 몸이 퀭해진 깜이의 거칠어진 까만 털 사이사이로 보이는 새치에 마음이 아프다며 출가한 딸이 고생하는 것 같다고 했다. 개를 좋아하는 사람들은 만나면 개 이야기를 통해 서로 가까워지듯이 나도 노인과는 의사와 환자 사이를 넘어 이젠 친구같이 되어 종종 깜이 가족을 만나는 호사를 누리게 되었다.

노인은 그 후로도 회사 주위에 버려진 강아지와 고양이들을 데려다 치료해주고 함께 키우기 시작했는데 깜이는 새로 입양된 친구들을 제 자식같이 돌보며 엄마 노릇도 했다. 깜이도 노숙을 하며 아파 고생했던 때가 생각나서인지 특히 어린 고양이와는 친구같이 살가운 사이가 되었다. 고양이는 자기도 강아지인 줄 아는지 깜이 앞에서는 꼬리를 곧추세우고 살랑살랑 흔들기도 했다. 한 가족이 되어 푸근함을 느끼게 되면 개와 고양이 사이도 그리되는 걸까.

그래도 깜이의 가장 각별한 사랑은 막내인 암놈에게로 향했다. 장난을 치며 달려드는 막내가 좀 지나치다 싶으면 으르렁거리며 무서운 표정을 지을 때도 있지만, 회사 구내에서 잠시 떨어져 있다가 다시 만나기라도 하면 반가운 표정을 짓고 막내의 몸 이곳저곳을 주둥이로 찌르며 안마하듯 스킨십을 보이기도 했다. 때론 엄하지만 애틋한 사랑을 보이는 깜이의 모성애에 감격한 김 노인은 깜이가 사람보다 낫다고 했다.

이런 깜이 가족의 사랑 나눔을 보고 있노라면 하루가 짧다고 하는 노인의 말이 쉽게 이해가 되었다. 노인의 그렇게 조절 안 되던 혈압과 혈당 그리고 부정맥도 계속 안정되어 갔다. 그러고 보면 병원에서 할 수 없었던 치료의 한 부분이 깜이를 통해 채워지고 있으니 내가 도리어 고맙다고 해야 할 것 같다. 그러면 나는 뭣보다 못한 의사였나. 그러나 깜이는 노인과의 만남을 통해 내게 귀한 메시지를 전하고 있으니 섭섭해할 일만도 아니다. "의사에겐 몸의 치료도 중요하지만, 마음을 보듬는 일도 못지않게 중요하고, 많은 환자가 이걸 원하고 있어요."라고 말하고 있는 것은 아닐까. 오늘은 김 노인의 진료일인데 보호자로 온 깜이를 만나는 기대감으로 자꾸만 병원 숲을 바라보게 된다. 그렇고 보니 깜이가 김 노인에겐 오히려 나보다 실력 있는 의사가 된 셈이다.

똘이네 가족 1

아들과 딸은 연년생이다. 그래서인지 초등학생 때엔 참 많이도 싸웠다. 아이들과 같이 놀아줄 상대가 있으면 좀 낫지 않을까 하던 차에 강아지를 키우고 싶다던 말이 생각났다. 강아지를 사주면 둘이 싸우지 않겠다는 다짐부터 받았다. 먹이를 주고 대소변을 치우는 일도 하겠다고 했다. 동네 수의사가 추천한 집으로 요크셔테리어를 보러 갔다. 태어난 지 두 달 된 새끼 중 눈매가 더 또렷하고 행동이 잰 수놈을 골랐다. 몸길이가 15cm밖에 안 되는 흑갈색의 작은 강아지가 고물거리는 모습에 아이들은 벌써 정신을 모두 빼앗긴 듯했다. 사람만큼 똑똑했으면 좋겠다며 이름을 '똘이'라 부르기로 했다. 그러나 아이들은 처음 몇 번은 먹이를 주고 대소변도 치우는가 싶더니 여기저기 실수를 해대는 강아지를 데리고 놀기는 해도 거두지는 않았다. 결국 먹이고 씻기고 뒤처리하는 일 모두 내 몫이 되었다.

똘이는 제 어미를 닮아서인지 너무 작아 산책하러 나가면 다른 개들로부터 공격받기 일쑤였다. 그래서 꼬리를 내린 채 내 옆으로 바짝 붙어 따르곤 했다. 그러나 가족과 함께 갈 때면 이런 모습이 확 바뀌어 나를 놀라게 했다. 녀석은 아들과 딸아이가 나를 앞서가는 것을 보지 못했다. 제 딴에도 서열이 있다고 생각해서일까. 평소에는 조용하던 녀석이 따라가며 왕왕 짖곤 하여 모두를 당황케 했다. 애들이 눈치를 채고 내 뒤로 슬그머니 물러서면 이내 짖던 것도 멈추고 다소곳이 나를 따라왔다. 집에서도 이런 서열 지키기는 마찬가지였다. 아들아이 서열은 자기보다 높다고 생각했는지 그 앞에서는 고분고분했지만, 딸아이한테는 그러지 않았다. 딸아이가 자기를 만지기만 해도 마치 자기 서열이 한 수 위라는 듯 으르렁거렸다.

똘이는 내가 가는 곳이면 어디든 따라왔다. 화장실까지 따라와 내가 나오길 기다리곤 했다. "똘이한테는 아빠만 짱이야!" 하며 딸애가 시샘도 했다. 낮에는 내 발에 제 앞발을 하나 척 올려놓고 만족해하는가 하면 밤에는 내 침대 밑으로 들어가 자리를 만들고 이내 잠이 들었다.

한 살쯤 되었을 때 여름에 양재천 언저리를 산책하다가 물속을 같이 걸어 보았다. 신기해서인지 좋아하며 따라왔다. 그러나 물이 깊어져 녀석의 키를 넘는데도 주인을 놓치지 않으려는 듯 씩씩하게 따라왔다. 몸이 완전히 잠기는데도 나를 따라오려 했다. 이를 보고 있던 사람들이 신기해하며 "개가 잠수도 하네!" 했다. 황급히 녀석을 꺼내 이참에 아예 수영을 가르쳐야겠다고 생각했다. 깊은 곳으로 데려가 앞발을 잡고 물 젓는 동작을 몇 번 하게 했다. 그랬더니 금방 헤엄을 능숙하게 해냈다. 그렇게 수영을 하면서도 눈은 여전히 나에게서 떼지 않고 내가 가는 쪽으로 헤엄을 쳐 따라왔다.

똘이의 나를 향한 일편단심은 나이가 열 살을 훌쩍 넘은 노년에 이르러서도 변하지 않았다. 며칠 부모님 댁에 보내 놓은 적이 있는데 매일 저녁 내 퇴근 시간에 맞추어 현관 앞에서 나를 기다렸다고 한다. 처음에는 뒤치다꺼리가 귀찮다고 개를 싫어하시던 부모님도 신통한 모습에 감동되었는지 이내 좋아하시게 되었다. 얼마 전엔 휴가 동안 맡겨 둔 김에 더 오래 놔두어 보았다. 그런데 이상한 것은 한 달에도 몇 번씩 안부를 물어 오시며 전화 좀 자주 하라던 부모님께서는 전화도 안 하셨다. 무슨 영문인가 싶기도 하고 똘이도 볼 겸 부모님 댁으로 갔다. 집에 있을 때는 흥분하면 슬쩍 실수하곤 야단을 맞을까 봐 미리 도망가 숨던 녀석이 소 대변도 잘 가리고 어머니와 아버지 사이를 왔다 갔다 하며 심부름까지 해내고 있었다. 말귀도 잘 알아듣고 말썽을 부리지도 않는다며 두 분이 너무 귀여워하신다. 밤에도 두 분 발치로 와서는 아침까지 한 번도 깨지 않고 잘 잔다고 한다. 때론 적적하기도 했을 두 분의 공간을 채워주고 있는 것 같아 똘이가 효자란 생각이 든다.

요즘은 부모님께서 행복해하시니 찾아가는 발걸음도 가벼워진다. 부모님 댁에 가려면 어머니의 이런저런 걱정거리에 대해 어떻게 답변을 해 드릴까 미리 마음의 준비를 했었으나 똘이가 그 일을 많이 덜어준 것 같다. 삼 개월이 지나니 부모님과의 생활도 익숙해져서인지 저녁 시간에 현관 앞으로 나와 나를 기다리곤 하던 일도 뜸해졌다고 한다. 대신 아버님께서 외출하면 돌아오실 때까지 현관에서 기다리다가 반갑게 꼬리를 친다고 한다. 내가 잊혀 가는 것 같아 서운하기도 하지만 내가 못 해 드리는 부모님의 자식에 대한 그리움을 똘이가 옆에서 채워주고 있으니 고마운 일이다. 부모님은 똘이를 보면서 둘째 아들네가 함께 있는 것으로 느끼는 것은 아닐까. 그래서인지 똘이를 인제 그만 데려가라는 말씀은 안 하시고 당신들과 함께 건강하게 오래 살아야 할 텐데 하신다. 똘이가 사람으로 치면 벌써 칠십 대라는 것이 걱정되시나 보다.

똘이가 부모님 댁을 채워주고 있는 동안 내 집은 휑해졌다. 나를 졸졸 따라다니던 똘이의 자리가 허전하여 유학 가 있는 딸아이에게 똘이는 할머니께 드리고 이참에 새 강아지를 키우면 어떠냐고 물었다. 딸은 "그건 똘이를 배신하는 거야." 했다. 평소에 똘이와 아옹다옹하던 딸아이도 그것만은 안 되겠나 보다. 똘이를 다시 데려오면 부모님이 서운해 할 거고 새 강아지를 데려오면 딸아이가 실망할 것 같다. 아무래도 부모님을 뵈러 갈 때마다 나 대신 효도하는 똘이 모습이나 보고 내 허전한 마음을 달래야 할 것 같다. 그런데 어머니가 하실 말씀이 생각나 벌써 귀가 간질간질해진다. "나를 보러오는 게 아니고 똘이를 보러 오는구나." 그러면 또 어떠랴. 임도 보고 뽕도 따고, 부모님도 뵙고 똘이도 보고 더 좋지 않은가. 그러고 보니 똘이는 어느새 우리 가족의 중심에 들어와 살고 있었다. 어쩌면 나보다도 더 깊숙이. 우리는 똘이네 가족이다.

똘이네 가족 2

어렸을 때부터 개를 좋아했다. 그래서인지 개와의 관계도 유별났던 것 같다. 방안에서 강아지와 온종일 뒹구는 나를 보고 어머니는 "에미보다 개를 더 좋아하는 녀석." 하셨다. 네 살 때였던가. 함박눈이 내리기라도 하면 강아지를 데리고 앞마당에서 놀다가 개장 안까지 따라 들어가곤 했다. 아버지가 목수에게 부탁하여 만든 커다란 개장이라 그 안에서도 놀기가 좋았다. 강아지를 껴안고 펑펑 내리는 눈을 함께 바라보고 있으면 왠지 편안한 느낌이 들어 오래 그렇게 있고 싶었다. 어머니는 나의 극성스런 강아지 사랑에

빨랫감만 벌어놓는다며 나무라면서도 개 주인 노릇을 톡톡히 하는 나를 대견해 하셨다.

똘이는 올해로 우리 가족이 된 지 십사 년째다. 그동안 녀석은 나의 퇴근 시간이 가까워지는 저녁이면 현관 앞 쪽마루에서 나를 기다리곤 했다. 식사 후 쉬고 있노라면 나의 가슴에까지 올라와 온종일 어떻게 지냈는지 얘기라도 하자는 듯 눈을 맞추며 떨어지지 않으려 했다. 그런 우리 사이를 보며 아내는 나에게 애첩이 생겼다고 했다.

똘이가 지금은 부모님 댁에 가 있다. 팔순이신 두 분의 공간이 때로 휑한 것 같아 잠깐 가 있게 한다는 것이 벌써 일 년이 넘었다. 그동안 똘이는 두 분 사이를 부지런히 왔다 갔다 하며 연락병 역할도 하고 재롱도 부리며 자식들보다 더 효자 노릇을 한단다. 그래서인지 어머니 얼굴도 밝아졌고 똘이도 활기가 넘치는 것 같다.

전에는 어머니께 안부 전화를 드리면 이런저런 걱정부터 쏟아 놓으셨는데 이젠 똘이의 활약상을 칭찬

하며 기특하다고 하신다. "똘이는 참 매너가 좋아. 신사야 신사, 인품이 좋은 것 같아." 아마 똘이의 성품을 얘기하는 것일 텐데 그렇다면 견품(犬品)도 있다는 말씀이신가.

그런데 일 년이 지난 지금 똘이는 내가 다시 집으로 가자는 것을 반기지 않는다. 돌아가는 나를 현관까지 배웅도 하지 않고 멀뚱히 아버님 눈치만 보고 있다. 이 녀석이 이젠 완전히 마음이 돌아섰구나 생각하니 배신감도 들었다. 그런 나를 보고 어머니는 "자식도 그러는데 개는 안 그러겠니." 하신다. 같은 서울에 살면서도 부모의 외로움을 찬찬히 헤아려 주지 못한 자식에 대한 서운함을 그렇게 나타내시는 걸까.

한 달 전 어머니가 넘어지면서 척추를 다치셨다. 치료를 위해 병원에 입원해 계신 동안 똘이는 밤마다 어머니의 빈 이부자리를 지키며 잠을 잤다고 한다. 아버지로부터 이 소식을 들은 어머니는 의리 있는 똘이의 행동에 감격하시는 눈치다. 똘이가 나에게선 멀어져 가 섭섭하지만, 부모님에게 더 가까워져 한편으론 대견스럽기도 하다.

한데 그런 똘이가 곧 어머니를 섭섭하게 할 것 같아 걱정이 앞선다. 어머니가 똘이에게 "나랑 오래 같이 살자."며 똘이의 나이를 걱정하던 일이 생각났기 때문이다. 부모님 곁에서 자식들 대신 효자 노릇을 톡톡히 해 왔는데 그 자리가 비면 누가 대신할까. 부모님을 위해서라도 똘이의 무병장수를 빌며 보약이라도 먹여야 하는 것은 아닐지 모르겠다.

밤새 내린 폭우가 걱정되어 아침에 문안 전화를 드렸다. 어머니는 당신 얘기는 안 하시고 똘이가 운동을 못 나가 답답해하는 것만을 걱정하시며 "이러다가 우울증 걸리는 것은 아니니." 하신다.

그러고 보면 내게서는 멀어진 똘이지만 어머니를 즐겁게 해 드리는 효자로 그만한 대접을 받는 것이 마땅하지 않을까. 부모님 편에서 보면 우리 가족의 중심에서 나보다 더 위에 있는 똘이이니 아무래도 똘이가 우리 가족인 게 아니라 내가 똘이네 가족인 게 맞다.

사투리

어머니의 사투리는 서울 생활이 60년인데도 변함이 없다. 초등학생 때 어머니가 학교에라도 오시는 날이면 그 사투리 때문에 늘 창피했었다. 수업을 참관하러 교실로 들어온 어머니가 "선상님 말씀 똑딱이 들어야 혀." 하시면 일부러 딴청을 부리곤 했다. 다른 어머니들도 사투리를 쓰셨는데 왜 내 어머니만 귀에 거슬렸는지 모를 일이다. 표준말 쓰기를 배우던 때라 이와 다른 것은 좋지 않은 거로 생각했었던 것 같다. 선생님 말씀은 절대 진리로 알던 고지식한 나는 더욱 그랬다. 그래서인지 내게도 사투리 쓰는 사람은 촌스러워 보이기까지 했다. 그런데도 어머니의 말씨는 그대로 내게 스며들었었나 보다. 내게서 튀어나온 사투리를 재미있어하는 동무들에게 촌놈이란 말을 들을까 봐 전전긍긍하기도 했다.

대학생이 되자 어머니의 고향 말도 서울말로 바꿔보자고 채근하다 어머니를 서운케 해드리기도 했다. 그렇게 어머니의 서울말 학습은 전혀 진도 없이 오늘에 이르렀고 그때의 어머니 나이를 사는 요즘의 내 말씨는 어머니를 닮았다는 말을 듣는다.

20년 전 4년간 근무한 캐나다에서 미국 동부인 보스턴의 대학병원으로 가기 위해 인터뷰를 했었다. 심사위원들이 질문하다가 나의 영어 억양을 궁금해했다. 미국의 서부나 중부의 억양도 아니어서인지 어디에서 왔느냐고 물었다. 캐나다에서 왔다 하니 그제야 고개를 끄덕끄덕했다. 미국 동부에서는 낯선 나의 억양을 재미있어는 했어도 자연스럽게 받아들여 주는 것 같지는 않았다. 내 딴에는 겨우 대화를 하는 정도의 영어에 무슨 억양 운운하는가 오히려 이해가 안 되었다. 그러면서 자부심 강한 동부 사람들에게 내 영어가 촌스럽게 들린 것은 아닐까 생각되어 주눅부터 들었다. 일하게 되더라도 캐나다에서 배운 사투리 영어가 소통마저 안 되면 어쩌나 지레 걱정이 앞섰다. 그러나 그건 기우였다. 일하기 시작하자 내 억양은 단지 그들에게 조금 다르게 들린다는 것뿐이었다.

 진료실에서 많은 환자와 만나면서 우리말의 사투리에 관심을 두게 되었다. 좁은 땅덩어리지만 고장마다 말이 너무 달라서 놀란다. 요즘엔 고유한 어휘나 말투를 통해 어느 고장인지를 맞춰보기도 하고 그 말을 흉내 내 보기도 한다. 아예 환자들의 말투를 따라 하다 보면 왠지 더 대화가 잘 통하는 것 같기도 하다. 그들도 그런 나를 보며 처음엔 어색해하지만 싫어하는 눈치는 아닌 것 같다. 오히려 의사도 자기와 고향이 같다 생각하고 마음을 쉽게 여는 것 같다.

 사투리는 좋지 않은 것으로 생각했던 학창시절을 되돌아본다. 그냥 억양과 표현방식이 다를 뿐이지 그 나름대로 멋이 있었는데 왜 그렇게 옹졸하게 생각했던지. 무지개에 여러 빛깔이 조화를 이루어 아름답듯이 각 지방의 사투리도 우리말의 다른 맛으로 더 정감이 있는 것은 아닐까. 미국에서도 캐나다 사투리를 썼던 나였으면서도 어머니 마음을 상하게 했던 때가 떠올라 슬며시 얼굴이 붉어진다.

이젠 어머니의 고향 말이 전보다 자연스럽게 들린다. 아마도 촌놈 소리를 듣지 않으려 몸부림치던 내 어린 날의 욕심이 얼마큼 떠나서일까, 아니면 사투리도 소중한 우리의 언어라는 사실을 알게 된 나의 뒤늦은 깨달음일까. 사는 방법이 다르고 사는 모습이 서로 다른데 내 방식대로만 몰고 가려던 억지가 어머니를 서운케 해 드렸으니 반성문을 써도 한참 쓸 일이다. 내일은 오랜만에 나도 어머니의 고향 사투리를 진하게 써가며 감기로 고생하시는 어머니를 위로해 드려야겠다.

"삭신 쑤시는 거어~ 좀 으떠시유?" 어머니의 얼굴이 한층 환해지실 것 같다

할아버지의 유산

　우리 집 거실에는 할아버지의 흑백 사진이 걸려있다. 부모님 댁에 있는 바랜 사진을 현상소에 맡겨 여러 장으로 만든 것 중 하나이다. 어렸을 때부터 익히 보아오던 사진이었는데 언제부터인가 사진이 더 훼손되어 보였다. 해서 전문가의 도움을 받았더니 사진도 더 선명해 보이고 사진 속 할아버지 모습도 새롭게 보였다.
　할아버지는 어떤 분이셨을까. 짧은 머리에 일제강점기의 국민복 같은 옷을 입고 계신 모습에서는 선하지만 엄한 선생님 같은 인상을 받는다. 한 번도 직접

뵌 적은 없지만, 아버님에게서 들은 얘기로 미루어 그 어려운 시절에도 많은 사람에게 덕을 베푸셨던 분으로 기억되고 있다. 고등학생 시절 아버지는 빡빡 깎은 내 머리를 만지시며 할아버지 두상을 많이 닮았다고 하셔서 나와 많이 닮은 분일 거라고만 생각했었다.

할아버지는 고등교육을 받으시고 개성에서 교편을 잡다가 고향으로 내려와 면장으로 여생을 보내셨단다. 어려운 사람들이 혼자 힘으로 살아갈 수 있도록 농사법도 개발하셨단다. 마을에서 징용으로 끌려간 젊은 이의 편지를 글 못 읽는 부모에게 읽어줄 때는 고생한다는 얘기는 빼고 읽음으로 안심시켜 드리고 아들에게 보내는 편지에는 모두 평안하다는 내용으로 써 보냈다고 한다.

한 10년쯤 되었을까. 생전에 사셨던 마을 근처 선산의 할아버지 할머니 묘를 아버지와 이장(移葬)을 했었다. 그때 인부 하나가 아침에 일하러 나오는데 연로하신 부친께서 어느 집안 묘를 이장하느냐고 물으

서서 옛날 면장님 댁이라고 말씀드렸더니 "그분은 귀한 분이시니 잘 모셔드려라." 하셨다고 했다. 그래서인지 이장의 시작부터 끝까지 묵묵히 일만 하는 그분에게 약간 의아한 생각이 들었었는데 그 말을 듣고는 이해가 되었다. 할아버지가 돌아가신 지 벌써 반세기가 훨씬 지났지만 아직도 기억하는 분들이 있다니 놀랍기만 했다.

아버지는 할아버지의 추도식 때나 성묘를 가서도 항상 할아버지가 어떻게 남들에게 베풀기를 좋아하셨는지 말씀하시곤 했다. 가르치기를 좋아하셔서 사람이 마땅히 해야 할 도리를 몸소 보여 주셨다고도 했다. 그런 할아버지를 보고 자라서인지 아버지도 평생을 교직에 계셨고 남의 어려움을 잘 헤아리며 도와주셨다.

나는 병원에서 일하고 있지만 가르치기도 하니 아마 가르치는 일은 할아버지로부터 대물림인 것 같다. 그러나 할아버지같이 남들에게 마땅히 해야 할 바를 보여주지는 못하고 있다. 무엇보다 널리 베푸는 일에서는 더욱 그런 것 같다. 가장 가까운 가족들에게는 어떠했는가도 생각해 본다. 바쁘다는 핑계로 가족이라는 짐을 너무 무겁게 느껴 잠깐이라도 벗어 던지고 일상에서 탈출하고 싶을 때가 많았다. 가장이랍시고 가족들의 마음에 많은 서운함을 주기도 했을 것 같다. 어쩌다 조금 베풀고 나서는 생색내는데 더 급급하지는 않았을까.

 나는 나중에 어떤 사람으로 기억되고 사진 속의 나는 후손들에게 어떻게 보일까. 거울 속의 나를 본다. 사진 속 할아버지 모습이 그 위에 겹쳐진다. 내 모습이 한결 부드러워 보이는 것 같다. 차갑게 보이던 눈매도 조금은 부드럽게, 굳게 다문 입술도 여유 있는 모습으로 그리고 각이 진 얼굴선도 얼마큼은 흐릿하게 보이는 것 같다. 할아버지의 사진 속 모습에 내 얼굴이 합해진 얼굴이다. 그러나 가르치는 일은 열심이었을지 모르지만 남을 배려하고 베풀기도 좋아했던 사람으로도 보일까. 할아버지를 많이 닮아 그 할아버지에 그 손자라는 말을 들을 수 있었으면 좋겠다. 할

아버지 사진을 다시 본다. 할아버지로부터 두상만 닮을 것이 아니라 더 많이 닮지 못한 것이 못내 아쉽다.

3.
신호등

가을과 겨울 사이 | 신호등 | 연장선 위의 사람들 | 배달의 자손
당신의 심장, 한발 앞서 지킬 때입니다 | 어느 날, 당신의 심장이 멈춘다면
부정맥, 방치하면 악마로 돌변한다 | 맥박은 고르게, 치료는 한발 빠르게

가을과 겨울 사이

꽤 오래전 일이지만 광화문으로 이사한 지 4년이 되어갈 때 주변에 볼거리가 많고 교통이 편리하여 옮기기를 잘했다는 생각이 들었다. 무엇보다 미술관 뒤뜰이 정원 구실을 했다. 조그만 뜰이라도 딸린 집에서 살았으면 하던 그 갈증을 대번에 해소하게 되었다. 봄이면 라일락꽃이 가득하여 집안을 향기롭게 하고 가을엔 색색으로 물들어가는 나뭇잎이 한 폭의 그림처럼 안방 창문에 가득했다.

거기서 몇 해를 살면서는 계절의 변화를 더욱 뚜렷하게 느끼게 되었다. 인왕산 자락으로 이어지는 둘레

길을 걸으며 가을의 풍요로움을 느끼는가 하면 어느새 겨울이 다가오고 있음도 보게 되었다. 어찌 계절만 빨리 변한다고 할 수 있을까. 내 인생도 어느 계절쯤에 와 있을까 헤아려보았다. 아직은 인생의 황금기라 할 수도 있겠지만, 계절로 치면 어느새 늦가을인 셈이다.

병원에서 많은 임종을 보는데 이를 대하는 느낌도 예전과는 사뭇 달라졌다. 발병하여 고통을 느낄 틈도 없이 갑자기 떠나 작별조차 제대로 못 하는 사람도 있고 오랜 기간 치료를 받으며 자기뿐만 아니라 가족들에게 고생을 시키고 떠나는 사람도 있다. 전에는 무심히 지나쳤지만 요즘에는 나는 어떤 마지막을 맞을까 생각을 하게 된다. 최소한 허둥지둥 살다 가지는 말아야겠다고 마음의 준비만 할 뿐이다.

21년 전 세상을 떠난 A교수가 생각난다. 그분은 병상에서도 항상 독어 원서를 탐독하고 계셔서 회진 때마다 바쁜 분을 면회 가서 뵙는 느낌이 들곤 했다. 그런데도 나이가 한참 아래인 내 말을 항상 순수한 표정으로 받아들이고 사소한 일에도 기뻐하며 감사함을 잊지 않아 회진시간이 기다려지게 되었다. 임종 때도 찾아온 제자들과 일일이 눈인사로 작별하며 스승으로서 마지막 덕담을 건넸음을 그들의 표정에서 읽을 수 있었다. 많은 사랑을 받은 만큼 떠나 보내는 아쉬움이 더 컸을 그 교수님이 새삼 부러워진다. 높은 지위나 화려한 업적보다 보이지 않는 소중한 것들을 제자들에게 남기셨을 것 같다. 그래서 아등바등 많은 것을 소유하려고도 하지 않았을 것 같다.

양평의 지인 집에 간 적이 있다. 야산 중턱에 지은 그림 같은 집에 주눅이 들어 내가 더 초라해지는 것 같았다. 그런데 가장 내 마음을 끌었던 것은 집에 대한 부러움보다도 초원처럼 펼쳐져 있는 마당과 전원생활에 이상적인 뒷숲이었다. 울창한 숲에 작은 시내까지 흐르는 그곳에서 산책하며 산림욕을 한다고 했다. 그런 숲이 개인 소유의 집에 딸려있는 것이 얼마나 부럽던지 그 집을 방문할 때면 마치 산행이라도 하듯 나는 그 숲부터 들르곤 한다.

좋아 보이는 것을 소유하려는 욕심은 나도 예외는 아닌가 보다. 미술관 뒤뜰이 내 정원이고 인왕산 자락이 내 뒷동산인데도 지인 집의 울창한 숲이 자꾸만 눈에 아른거렸던 것이다. 오늘도 산길을 내려오다 그때처럼 나를 돌아본다. 가을 겨울 사이쯤 될 내 삶의 정원과 뒷동산도 마지막이 아름다웠던 A교수처럼 더 자주 돌보리라 마음먹는다.

신호등

　오래 사는 것이 축복만은 아닐 텐데 중년을 넘은 이들의 모임에서도 늘 건강이 화두다. 그래서인지 나도 눈만 뜨면 쏟아지는 건강정보에 신경이 쓰인다.
　최근 큰 병에서 회복 중인 지인으로부터 건강유지 비방을 들었다. 병에 걸리면 지금까지의 생활방식에서 완전히 거꾸로 해보란다. 과식 대신 소식을, 차 타기보다는 걷기, 화를 많이 냈으면 더 많이 웃기를, 받기만 했으면 베풀기를 해보란다. 사는 방식을 바꿔보라는 말이리라. 그러나 오랜 세월 몸에 젖었던 습관들이 쉽게 바뀔까. 건강이 나빠지기 전 경고를 해 주는 신호등 같은 것이 있으면 얼마나 좋을까.

이 녀석은 내가 잊을 만하면 얼굴을 내민다. 어려서부터 식탐이 있어 배탈이 자주 나곤 했지만, 녀석의 거동은 또 어딘가 수상하다. 배를 부여잡고 해우소로 떠미는 것도 아닌 것이, 명치에서 시작하여 가슴 안쪽으로 타는 듯한 통증이 목으로 뻗치며 사람을 안절부절못하게 하는 것이 예사롭지 않다. 꼭 심장병 증세 같아 한순간에 불안하게 만든다. 의원 노릇을 하다 보니 아는 게 더욱 병이다. 심장의 어디쯤 혈관이 좁아져 생긴 협심증은 아닌가, 혹시 이러다가 심장마비로 이어지는 것은 아닌가, 온갖 시나리오가 머리를 어지럽힌다. 떼를 쓸 때마다 약으로 금방 달래지만 괴로워하다 잠을 설치기에 십상이다. 식도역류증이란 녀석이다. 그 정체는 위내시경으로 더 확실해졌다.

"왜 이런 병이 생기나요?" 의사에게 물었다.

정확한 원인은 잘 모르고 그냥 식도와 위 사이에서 빗장 역할을 하는 근육이 약해져서라는 답변에 '그게 왜?' 하는 질문이 금세 꼬리를 문다. 아래로 내려가야 할 위장 안의 내용물이 식도를 거슬러 올라오는 것인데 때론 후두까지도 올라와 말썽을 부리게 된단다. 그래서 가슴도 아프고 목소리도 갈라졌구나 알게 되었지만 의문은 계속 남는다. 왜 거기가 약해졌을까.
 체중을 줄이고, 과식하지 말고 아플 때마다 약으로 다스리라며 처방을 준다. 느긋하게 여유를 가지라는 말도 덧붙인다. 게 눈 감추듯 먹어 치우는 나의 식사 습관이 떠올랐다. 급하게 앞만 보고 달리기만 했던 때문일까.
 때로 스트레스를 받을 때면 화도 잘 냈으니 의사의 말이 바로 나를 두고 하는 말로 들렸다. 나에게도 남에게도 느긋하게 하라는 말 같다.
 사실 어려서부터 조급하게 처신하여 낭패를 볼 때가 많았다. 그때마다 후회하곤 했지만 잘 고쳐지지 않았다. 마음이 급해질 때마다 나를 붙들고 잠시 숨을 고르며 다시 한 번 생각해 보라고, 걸음을 멈추고 기다리라고 신호등처럼 말해주는 사람이 있으면 얼마나 좋을까.

내 병은 오래 가고 잘 낫지도 않는단다. 약을 먹을 때만 반짝 가라앉고 재발이 잦은 걸 보면 아예 나랑 같이 갈 심산인가 보다. 이 녀석을 차라리 길동무로 받아들인다면 내 삶 속 동반자가 하나 더 생기는 셈이다.

그런데 오랫동안 내게 진료를 받으러 오고 있는 환자들이 내가 전보다 좋아 보인다고 한다. 가끔 튀어 나오는 나의 충청도 사투리 때문일까. 흰머리가 늘어서인가. 말이 어눌한 사람이 속으로는 급하다는데 내 맘을 모르고 하는 말이려니 했다.

한데 생각을 해 보니 이 껄끄러운 친구가 생긴 후로 변화가 있었던 것 같다. 내내 숨어 있다가 갑자기 행동개시를 하면 어느새 내 몸짓이 느려지면서 나를 더욱 추스르게 된다. 그래서 비상약도 가지고 다니지만 찾아올 때는 어떤 조짐도 소문도 없다.

하지만 이 녀석이 반갑진 않지만 내겐 쓸모도 있다. 몸이 아프다는 것은 삶을 달리 바라보라는 신호라는데 바로 그 몫을 은밀히 해내고 있으니 말이다. 그러고 보니 이놈이 바로 내 몸의 신호등이었던 것인가.

연장선 위의 사람들

　언제까지 살아야 천수를 누렸다고 할 수 있을까. 단순히 오래 사는 것만이 능사는 아닐 것 같다. 삶의 질이 더 중요하다고도 한다. 이런 때 의사의 몫은 무얼까. 무의미한 수명연장의 조력자로만 머물러서는 안 될 텐데.
　박 할아버지는 고혈압에 부정맥이 있어 약물치료를 받는 환자다. 그동안 약물치료가 그런대로 효과를 내어서인지 올 때마다 표정이 밝았다. 가족들도 만족해하며 병원에 오는 발걸음이 마치 가벼운 나들이를 나오는 것 같았다. 그렇게 15년이 지났을까.

예약된 진료일에 만난 그에게 그동안 어떠셨느냐는 내 인사말에 "이제 아흔이 지났는데 언제까지 살려둘 겁니까." 하며 정색을 한다. 단순한 수명연장은 내키지 않는다고도 했다. 그렇다면 지금까지 나는 무의미한 수명연장을 위해 치료를 해온 것인가.

아마 박 노인은 꾸준히 복용하는 약물 때문에 간신히 생명을 부지하고 있다고 생각하는 것 같았다. 물론 치료를 통해 질병에 따른 합병증이 덜 오게 하고 편하게 느끼도록 할 수는 있겠지만 죽을 사람을 살려놓은 거라고는 여겨지지 않았다. 집에서 꼼짝 안 하고 세상 떠날 날만 기다리는 것 같다는 그의 아내의 말은 혹시 우울증이 있다는 것은 아닐까. 병원에 다니기 힘들어 지친 것은 아닌지, 아니라면 다른 가족들에 부담을 주는 게 싫어서일까.

큰 딸네가 사는 유성으로 내려간 환자는 서울에 오기도 싫다고 한다. 대신 서울에 사는 둘째 딸이 처방전을 받으러 오곤 했다. 노부모를 모시고 오는 가족 중 아들보다는 딸이나 며느리들이 더 많이 오는데 이

분도 예외는 아닌 것 같다. 순간 나도 딸이 하나 있다는 사실이 새롭게 다가온다.

서울에 들르는 길이라 오랜만에 진료를 받으러 온 노인에게 지팡이를 짚고서라도 아파트 단지 내를 걸으라고 하면 "늙은이가 추하게 어딜 다닙니까." 하며 마뜩잖아했다.

나도 연로한 친지들로부터 그런 말을 이미 들어서인지 그 말이 그리 낯설지 않다. 일제 강점기에서 6·25로 이어지며 지금까지 험한 세월을 지나왔는데 앞으로 남아있는 시간도 또 그렇게 되지는 않을까 지레 겁이 나 그냥 뒷방을 지키는 게 낫다는 뜻인가. 아니면 그분들의 삶을 가슴으로 이해 못 하는 자식들에 대한 서운함의 표시인지도 모르겠다.

진료를 마치고 이런저런 생각을 하며 내 방으로 올라왔다. 마침 라디오에서 흘러나오는 쇼팽의 피아노 곡을 들으니 마음이 차분해진다.

의사로서 여태까지의 나의 일이 환자들 병의 증상을 덜어주거나 생명을 조금 연장시키는 것이었다면 앞으로는 어떻게 해야 할까. 박 노인에게도 단지 시간만 벌어주는 사람은 아녀야 할 텐데 오랜 지병을 치료하고 있는데 그것이 정말 이 노인의 수명을 연장시키는 것일까.

새해 들어 환자의 처방전을 받으러 온 둘째 딸에게 아버님의 근황을 물었다. 이젠 아버지보다 어머니가 더 문제라고 한다. 오랫동안 아버지를 돌보느라 당신은 건강에 신경을 안 써왔는데 거동은 자유롭지만 치매 증세를 보이기 시작하여 돌볼 사람이 필요하게 되었다고 한다. 큰 딸이 근처에 살아 의지가 되지만 이제는 아버지가 어머니를 챙겨드렸으면 한다고 했다. 아흔이 넘은 부부끼리의 노년의 삶은 어떨까를 미리 보는 듯하다. 그래도 기억력이 나은 박 노인이 이젠 할머니의 일상을 더 가까이 함께하며 잊혀가는 어제와 오늘을 일깨워주는 안내자이면 좋겠는데. 문득 박 노인에게 앞으로의 날들은 구차한 수명연장이 아니라 아내와 함께해야 할 귀한 시간이라고 말하면 이제는 무어라 할까.

부부가 해로하는 모습을 보면 흐뭇하지만, 언제까지나 무병하게 늙어가기는 힘든 법. 이런저런 이름의 병이라는 불청객과 시간을 함께하기 마련인데 병과 혈투를 벌일 때도 있지만 다독거리며 더불어 살아가기도 해야 하리라. 백세 시대의 의사의 몫은 굳이 환자의 수명연장이 아니더라도 주어진 시간 속에서 더 나은 삶을 가꾸는데 도우미로 남는 일일 것 같다.

배달의 자손

후배가 의료봉사를 다녀왔다는 우즈베키스탄이 어떤 곳일까 궁금했었다. 때마침 그곳에서 사업을 한다는 지인의 초청을 받게 되었다. 오랜만의 해외여행이라 가족 모두 흥분되기도 했지만 가는 곳이 아프가니스탄에 인접한 구 공산권 국가여서 조금은 걱정이 되기도 했다.

인천공항에서 일곱 시간이 걸린다고 한다. 이륙 후 얼마 되지 않은 것 같은데 낯선 풍경으로 중국의 산하가 펼쳐진다. 끝이 없을 것 같은 사막을 지나니 고원지대에 이어 눈 덮인 웅장한 산들이 눈앞에 다가온다. 내 짐작이 맞는다면 중앙아시아와 중국을 잇는 톈산산맥을 지나는 것 같다. 이윽고 평탄한 땅이 나오더니 수도 타슈켄트에 도착했다고 한다. 크지 않은 공항 때문인지 우리나라의 지방 도시에 온 것 같다. 높지 않은 벽돌 건물 주위에 녹색 군복을 입은 경비병들이 총을 들고 서 있는 풍경이 낯설다. 입국절차를 위해 건물까지 가는 작은 버스를 탔다. 그런데 공항 밖으로 나오자 어딘지 모르게 낯익은 얼굴들이 보이기 시작했다. 터키계와 몽골계의 피가 섞여 있는 듯한 사람들이 주차장 여기저기에서 담배를 피우고 있었다. 서울의 외국인 근로자 진료소에서 몽골인과 중앙아시아인들을 많이 보아서일까. 더구나 마중 나온 여행가이드와 운전기사도 고려인이어서인지 외국에 온 것 같지가 않다. 일제 강점기에 연해주에 살던 동포들이 강제로 이곳까지 이주되어 어렵게 뿌리 내린 슬픈 역사를 익히 알고 있는 터라 그들이 더욱 반가웠다.

칠십여 년 전 러시아는 일본과 전쟁을 한다면 조선

인들이 일본에 협조할까 두려워 연해주에 살던 십팔만 명을 화장실도 없는 기차 화물칸에 실어 이곳에 강제로 이주시켰다고 한다. 갈대만 무성하게 자라고 있는 황량한 들판에 내려졌던 그들은 얼마나 낙심했을까. 그들이 일했다는 옛 농장 자리에 가 보았다. 동포들의 한숨 소리가 여기저기서 들려오는 듯했다. 그럼에도 이곳에서 농업을 발전시키고 후세들 교육에도 힘써온 많은 고려인이 이 사회에서 인정받고 있다 한다. 근면함이 그들의 어두운 운명을 밝게 바꿔놓았다고나 할까.

시내로 들어서자 우리 기업들의 광고탑이 여기저기 하늘에서 빛나고 있어 우즈베크와 우리나라와의 관계를 짐작게 한다. 한국산 자동차, 가전제품, 음식, 대중문화가 널리 알려져 있다는 사실이 이해되었다.

타슈켄트 시내에 있는 초등학교에서 한국어 수업을 참관할 기회가 생겼다. 열 살가량의 학생들이 한국어를 제2외국어로 배우고 있었는데 교사는 고려인 3세 할머니였다. 한국에서도 잘 부르지 않는 한글날 노래를 힘차게 합창하는 모습에 나도 모르게 감동하여 학생들을 따라 불렀다. 가사 중에 '우리는 배달의 자손'이라는 대목이 나와 과연 이 애들이 그 뜻을 이해하기나 할까 궁금했지만 배달이라는 말에 내 가슴도 뿌듯했다. 교실 밖에서는 한국 손님들 앞에서 하는 특별수업을 보러 온 학부모들이 궁금한 표정으로 교실 안을 들여다보고 있었다. 이곳 사람들은 한국을 자기들에겐 기회의 나라라고 좋아해서인지 한국어 배우기가 꽤 인기라고 한다. 우리가 가난하던 시절 영어만 배우면 좋은 직장에 들어갈 기회가 생기고 생활이 나아진다고 하여 너나 할 것 없이 열심히 배우려 했던 일이 생각났다. 우즈벡인들도 한국어를 배워 그들의 가난을 떨쳐버리고자 몸부림치는 것은 아닐까.

  기차를 타고 세 시간가량 남쪽으로 가 다다른 사마르칸트가 인상적이었다. 사막 한가운데 형성된 도시라는데 실크로드 주요 거점으로서의 모습이 아직도 느껴졌다. 옛날에는 소그드 왕국의 수도였다고 하는데 박물관에서 본 벽화에는 7세기경 이곳에 왔다는 고구려 사신들의 모습이 그려져 있었다. 머리에 새 깃털을 꽂은 모습이 특이했는데 이곳 왕국의 대신을 만나러 왔었다고 한다. 벽화 앞에서 그들이 있던 때로 돌아가 본다. 이곳까지 오느라 사막의 뜨거운 열기와 고산지대의 매서운 추위를 견디며 수많은 낮과 밤을 겪었을 것이다. 어쩌면 그보다 더 옛날부터 중앙아시아와 왕래가 있었고 그것이 지금까지도 명맥으로 이어져 오는 것은 아닐까. 강제이주로 이곳에 오게 되었던 고려인들은 그 연결고리를 더 튼튼히 했음이 틀림없다. 황량한 들판을 옥토로 바꾸어 놓았으니 잠시 왔다가 떠나버린 외교사절에 비기겠는가. 그들의 땀이 헛되지 않아 이십여 년 전 이 나라의 문을 두드린 우리 기업인들의 발걸음도 쉽게 열리게 한 것은 아닐까. 또한, 공장을 세우고 제품을 만들어 시장경제를 일으키는 우리의 모습을 보고 우즈베크인들도 자기들의 운명을 새롭게 바꿔 보려는 희망을 품게 되었을 것 같다.

우즈베크 아이들이 부르던 한글날 노래의 가사가 새

롭게 와 닿는다. 이들에겐 더 큰 의미가 있지 않을까도 생각이 든다. 배달이라는 말은 원래 '밝은 땅'이라는 뜻을 가진 고구려 말 '밝달'에서 유래되었다고 한다. 밝달은 오늘의 우리나라가 아닌가. 이곳에서 인기 있는 한국산 자동차, 가전제품이 바로 우리나라 그 밝은 땅에서 온 것이다. 이제 우리의 말과 문화 속에서 그들도 배달의 자손이 되고 싶어 하는 것은 아닐까. 고려인들이 우즈베크에서 그들의 운명을 밝게 바꾸어 놓았듯이 이제는 이 어린이들이 그럴 차례인 것 같다. 그런 바람을 '우리는 배달의 자손'이라는 가사를 통해 힘차게 나타내고 싶은 것은 아니었을까. 그러고 보니 그들과 나는 다 같이 배달의 자손 형제가 아닐까.

당신의 심장,
한발 앞서 지킬 때입니다

홍매화가 피는가 싶더니 이젠 개나리가 한창이다. 이맘때면 많은 사람의 가슴이 알 수 없는 이유로 두근거린다. 진료실과 연구실을 주로 오가는 사람들도 예외는 아니다. 하지만 심박수가 빨라지는 것이 봄기운 때문이 아니라면 문제다. 환자의 심장박동 빠르기와 간격에 관심이 많은 부정맥 전문의로서 항상 신경이 쓰이는 부분이다.

심장은 잠시도 쉬어서는 안 되며, 특별한 경우가 아니라면 규칙적인 심장박동이 보통이다. 하지만 많은 사람이 자신의 심장박동이 어떤 상태인지를 잘 인지 못 하고 사실상 무관심하다. 심장박동이 제대로 이루어지지 않는 곧 너무 빠르거나 느린 경우, 아주 불규칙한 경우를 총체적으로 부정맥이라고 하는데 사실 환자 자신도 이를 인식하지 못해 병을 키우는 경우가 왕왕 있다. 문제는 이 부정맥 중 일부에서 치료 없이 방치되면 환자의 생명이 위협받을 수 있다는 데 있다. 정부 측 통계자료에 따르면 2013년만도 갑작스러운 심장정지로 목숨을 잃은 사람이 약 3만 명에 이른다고 한다. 그중 많은 경우가 부정맥 특히 빈맥(빠른맥)이 원인이었다. 빈맥이 심해지면 심장이 혈액을 공급하는 기능이 약해지면서 혈액순환도 저하되며 어느 순간 심장박동 자체가 멈추기도 한다. 이 경우 즉각적이고 효과적인 심폐소생술과 후속 치료가 동반되지 않으면 환자의 대부분은 사망할 수밖에 없다. 우리나라에서 심정지 후 기적적으로 생환하는 환자는 전체의 5% 미만인데 이 가운데 3분의 2가량은 평생 각종 후유증에 시달리게 된다. 적절한 응급조치와 치료 후 건강하게 일상으로 돌아오는 환자는 전체의

2%도 안 된다는 이야기다.

급성 심정지 환자를 최대한 살려내어 일상으로 돌려보내기 위해 정부를 비롯해 많은 단체나 개인들이 이동식 제세동기 설치 확대와 심폐소생술 숙지 훈련 등 노력과 투자를 아끼지 않고 있다. 하지만 현실 상황에서 생존 환자의 수를 획기적으로 늘리는 것이 그리 쉬운 일은 아니다. 부정맥에 대한 보다 폭넓은 이해 그리고 선제적 예방치료가 무엇보다 중요한 것도 그래서이다. 일단 평소 심장 박동이 낯설다는 것이 느껴지면 반드시 전문의와의 상담을 권한다. 이것이 일시적인 이상인지 심장의 구조적인 원인에 의한 지속적인 문제인지를 환자 개인이 판단하는 것은 너무나 어려운 문제이기 때문이다.

환자의 상황에 따라 약물치료가 선행되겠지만 일정 수준 이상으로 심장 기능이 악화된 환자에게는 추가적인 치료가 요구된다. 심장 내부에서 이상 박동의 진원지를 찾아 해당 부분을 절제하는 시술(도자 절제술)이라든지, 혹은 이식형 의료기기(삽입형 제세동기)를 환자의 몸 안에 넣어 환자의 심장을 24시간 지키게 하는 방법 등이 있다. 특히 모든 사람이 위험한 빈맥에 따른 위급상황 시 외부로부터 심폐소생술을 받을 수는 없는 현실에서, 심장박동을 감시하여 위험한 부정맥을 발견하면 이미 몸 안에 삽입된 기기로부터 심장 근육에 전기충격을 가하여 심박동을 정상화시키는 제세동 치료는 표준치료로 되어있다. 다행히 우리나라에서도 심정지로부터 생환한 환자에서 추후에 심정지의 재발을 막기 위한 제세동기 삽입시술은 건강보험이 적용되고 있어 다행이다.

그러나 이러한 사후 약방문식 치료도 중요하지만, 심정지 상태를 아직 경험하지는 않았지만 심정지의 위험이 높은 더 많은 환자를 적극적으로 찾아내어 그들의 생존과 건강을 한발 앞서 지키는 예방적 치료가 더욱 확대되어야 한다. 환자의 생명과 건강을 구하는 일은 의료인뿐 아니라 백세시대를 맞는 모든 이들의 바람이 아닐까. 이것이 곧 실현될 날을 생각하니 심장전문의인 내 가슴이 먼저 뛰는 것 같다.

어느 날, 당신의 심장이 멈춘다면

 50대인 A씨는 지난겨울만 생각하면 지금도 아찔하다고 한다. 건강에 대한 관심이 높아 평소 등산을 즐겼고, 그 날도 동창들과의 등산모임 중이었다. 그런데 갑작스러운 가슴앓이와 함께 의식을 잃었다(물론 그런 경험은 예전에 없었다). 다행히 친구들의 도움으로 심폐소생술을 받으면서 신속히 병원으로 옮겨져 생명을 건질 수 있었다. 급성 심정지로 쓰러진 경우 응급치료를 받았다 하더라도 후유증 없이 일상으로 돌아가는 환자는 100명 중 2명도 안 된다는 사실에 지금도 가슴을 쓸어내리고 있다. 그러나 하루하루를 감사한 마음으로 제2의 인생을 산다는 A씨의 경험이 수많은 심정지 환자 중 극히 일부의 운 좋은 사례라는 사실에 마음이 무거워진다.

심장은 잠시도 멈춰서는 안 되는 신체의 동력원이지만 성별이나 평소의 주관적인 건강상태, 심지어 연령과도 무관하게 작동을 멈춰 버리기도 한다. 심장이 갑자기 멈추게 되는 이유는 여러 가지가 있지만 평소 심근경색이나 심부전 등 심질환의 경력이 있거나 심장 기능이 저하된 상태에서 심장박동이 고르지 않은 부정맥을 가지고 있을 때 그 위험이 매우 커진다.

부정맥이 악화되어 심장이 멈추면 우선 각 조직에 혈액과 산소의 공급이 중단되면서 매우 빠른 시간 안에 세포가 파괴된다. 대뇌 등 중추신경계도 예외는 아니어서 심정지 후 극적으로 살아난 환자라 할지라도 그중 60%가량은 각종 후유장애를 안고 살아야 하는 것은 그래서이다. 실제로 2013년도 정부자료에 의하면 전국적으로 약 3만 명이 급성 심정지를 경험했으며 이 가운데 일상생활 및 업무에 지장 없는 상태로 돌아온 환자는 전체의 1.9%에 불과했다. 심정지를 예방해야 하는 이유가 여기서 분명해진다.

물론 정부정책으로 공공시설을 비롯해 많은 곳에 이동식 제세동기가 설치되고 응급처치술에 대한 교육이 확대되는 등 심정지 환자의 생환을 돕기 위한 노력은 계속되고 있다. 하지만 이를 통해 생명과 심정지 이전의 삶의 질을 되찾는 환자의 수는 쉽게 늘어나지 않고 있다. 실제로 응급 의료체계가 발달했다고 하는 선진국의 경우에도 심정지 환자의 후유증 없는 생환율은 10%를 넘기가 어려운 것으로 알려져 있다. 응급 의료체계에 대한 투자도 중요하지만, 심장 건강에 대한 범국민적 교육과 홍보 및 적극적인 심질환의 예방이 더욱 중요한데, 이를 통해 심질환과 이로 인한 심정지로 야기되는 엄청난 사회적 비용을 줄일 수 있기 때문이다.

필자는 부정맥 전문의로서 독자들에게 비교적 생소할 수 있는 부정맥이 어떤 질환이며, 방치할 경우 어떤 결과를 초래하는지, 그리고 어떻게 대처해야 하는

지 알아보고자 한다. 우리가 알고 있는 것보다 부정맥은 훨씬 흔하며 또한 일부의 부정맥은 심정지를 유발하는 직접적 요인으로서 우리의 생명을 위협할 수 있다. 당신이나 당신 가족 중 누가 어느 날 갑자기 심장이 멈춘다면 어떻게 할 것인가. 부정맥에 대해 더욱 다양한 지식과 이해가 필요한 이유이다.

부정맥, 방치하면 악마로 돌변한다

부정맥(不整脈)은 말 그대로 맥박이 정돈되지 않은 상태를 말한다. 심장 본연의 전기적 기능을 통해 잠시도 쉬지 않고 수축과 팽창을 반복하는데 그 리듬에 이상이 생긴 상태이다. 정상인의 맥박이 분당 약 60~100회로 규칙적인 점을 고려할 때, 이것보다 지나치게 느리거나 빠른 경우 또는 아주 불규칙적이라면 부정맥이라 부른다. 심장학회(부정맥학회) 자료에 따르면, 우리나라 부정맥 환자는 약 100만 명 정도에 이른다고 한다. 질병의 정의 자체가 포괄적인 만큼 부정맥의 종류와 원인도 다양하다. 보통 성인에서 많이 나타나지만 소아에서도 선천적 이유 등으로 생명을 위협하는 부정맥이 종종 발견됨에 유의해야 한다.

부정맥은 크게 서맥성 부정맥과 빈맥성 부정맥으로 구분할 수 있다. 서맥성 부정맥은 일반인 기준으로 분당 40~50회 이하로 맥박이 느려진 경우인데, 환자의 생명과는 상대적으로 연관성이 적지만 어지럼증이나 무력감 등으로 환자 삶의 질과 사회성을 떨어뜨린다. 빈맥성 부정맥의 경우는 심근경색과 같은 기저질환이 있는 경우 갑작스러운 심장의 정지로 이어져 생명을 위협할 수 있다. 연간 3만여 명이나 되는 급성 심정지 환자의 많은 경우, 충분한 치료를 제때 받았다면 이런 위급한 상황까지는 가지 않았을 것이다. 하지만 우리의 현실은 그렇지 않다. 선진국, 아니 홍콩이나 대만 등 주변국들과 비교해 봐도 실제 부정맥으로 진단받아 제대로 된 치료를 받는 환자의 수는 인구 대비 훨씬 적다. 왜 그럴까.

부정맥은 무력감이나 가슴 두근거림 등 자각증상을 동반함에도 이것이 심장 맥박의 이상 나아가 생명에 위협을 줄 수 있는 질환이라는 생각이 쉽게 안 들 수도 있다. 서맥성 부정맥의 경우 특히 증상 자체가 무기력증 등 언뜻 심장과는 무관해 보이는 것들이 많다 보니 노화의 자연스러운 현상으로 치부되기도 한다. 심근경색이나 심부전으로 진단받은 환자들은 항상 빈맥성 부정맥의 가능성을 염두에 두고 새로운 증상이 생기거나 기존 증상이 악화되는 경우 빨리 의사를 만나야 한다. 진단 및 치료에 이르는 과정도 쉽지 않다. 부정맥은 증상이 수시로 찾아오기도 하지만 많은 경우 간헐적으로 나타났다 사라진다. 병이 진행되면서 비정상적인 맥박의 발생 빈도가 점점 높아지고 어느 순간 위험한 상황으로 악화가 되기도 하는데 많은 경우 여러 검사로 그 상태를 파악하기도 하지만 원인이 되는 부정맥을 찾지 못하는 경우도 있다. 이러한 부정맥의 속성 때문에 환자는 물론 의료진들도 때로 낭패를 보게 된다. 경험 많은 의사와 협조하여 수수께끼를 풀어가는 과정에서 환자 및 그 가족들의 질병에 대한 이해가 절실한 것이다. (부정맥 진단의 번거로움 이외에 부담되는 치료 및 치료비를 걱정하여 진료 시작부터 소극적인 분들도 있는데 참고로, 부정맥에 대한 상당수 주요 치료의 건강보험 본인 부담률은 5% 선이다.)

　부정맥은 쉽지 않은 상대지만 현재 다양한 치료법이 소개되어있고 지금도 개발 중이다. 따라서 언제 어떤 상황에서 부정맥을 의심해 보는 게 좋을지, 이에 대한 의학적 대응방안에는 어떤 것이 있는지, 이 질병을 극복하기 위해 환자 본인과 그 가족들에게 요구되는 것은 무엇인지에 대해 더욱 자세히 알아보아야 한다.

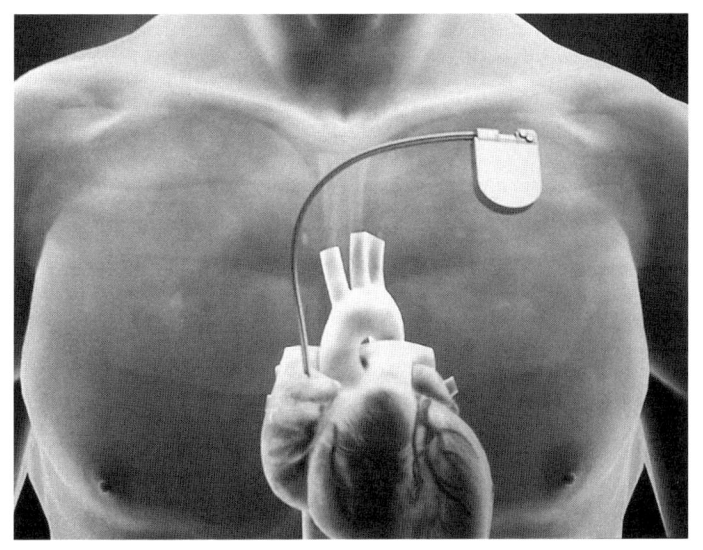

맥박은 고르게, 치료는 한발 빠르게

B씨(62세, 여)는 최초 부정맥 증상으로 내원한 지 3년이 지나서 적절한 치료를 받기 시작했다. 2011년에 갑작스러운 가슴 두근거림 증상에 놀라 처음 외래 진료를 받았다. 하지만 부정맥 확진을 위한 추가 진료를 받지 않다가 작년부터 증상이 심해져 병원을 다시 방문해 심실빈맥에 대한 치료를 받고 있다. 나중에야 안 일이지만 첫 증상 이후 아무런 이상이 느껴지지 않아 대수롭지 않게 여기고 스스로 후속 진료를 중단했었다. 지금은 심장 기능 저하로 수술적 치료를 심각하게 고려 중인데 증상이 있을 때부터 확실한 진단

하에 적극적인 치료를 받았다면 결과가 훨씬 다르지 않았을까.

  부정맥은 서맥의 경우 무력감이나 어지럼증, 빈맥의 경우 안정 상태에서 나타나는 가슴 두근거림이나 흉통 또는 심한 어지럼증 등 자각 증상이 동반되기도 한다. 이러한 증상을 반복적으로 느꼈다면 심장 리듬의 이상을 의심해 보는 게 좋다. 문제는 아무런 증상이 없다가 급성 심정지를 겪고 나서야 발견되는 부정맥도 있다는 점이다. 또한, 무력감 같은 증상을 심장 이상과 연결해 의심하지 않는 경우도 많다. 따라서 심전도 검사 등을 통해 수시로 자신의 심장 리듬의 건강상태를 점검하는 것이 중요하며, 조금이라도 이상 소견이 있으면 환자 스스로 판단하지 말고 반드시 전문의를 찾아 부정맥 여부와 그 위험도를 확인해야 한다. 서맥의 경우 근본적인 약물 치료법은 없으며 인공 심박동기(페이스메이커)를 체내에 삽입하는 방법으로 환자 삶의 질을 높일 수 있다. 빈맥은 약물치료를 비롯해 여러 치료방법이 존재하며, 심장 내 이상 박동의 근원지를 태워 없애는 전극도자절제술과 같은 시술도 있다. 또한 환자의 몸 안에서 심장 리듬을 24시간 감시하면서 이상 리듬을 감지할 경우 적절한 전기자극이나 충격으로 이를 정상화하는 기기도 있다. 이식형 제세동기(ICD)가 그것인데, 급성 심정지를 이미 경험한 환자에서 삽입시술을 받는 경우 효과적으로 추후의 심정지 재발을 막을 수 있다.

특히 심근경색이나 심부전 등 기저 질환이 있거나 심장 기능이 정상인의 절반 이하로 감소한 환자의 경우 부정맥에 대한 조기 발견 및 치료는 생명과도 직결된다. 왜냐하면, 심정지의 발생위험이 높기 때문이다. 이미 이러한 환자들에 대한 제세동기 삽입 등 예방적 치료가 건강보험의 적용을 받는다는 사실은 이를 방증한다. 의료 기술은 하루가 다르게 발전하고 있으며, 생명 회복과 증상 완화는 물론 환자의 불편까지도 해소하는 방향으로 발전하고 있다. 한 예로 이식형 제세동기의 경우 기기의 재질과 작동원리 때문에 자기공명영상(MRI)검사가 필요한 경우 제세동기가 손상되거나 인체에 해를 끼칠 것을 우려해 검사를 받지 못하는 단점이 있었다. 그러나 최근 들어 이러한 환자의 불편을 해소한 새로운 이식형 제세동기들이 소개되고 있다. 이런 의료기술의 변화와 발전의 혜택을 제대로 누리기 위해서는 무엇보다 환자 자신 그리고 가족들의 질병에 대한 이해와 관심이 선행되어야 한다.

건강을 확신했지만, 등산 도중에 뜻하지 않은 심정지로 생과 사의 기로에 섰던 A씨, 잠시 나타났다 사라진 증상 때문에 치료를 스스로 중단했다가 더 큰 부담을 지게 된 B씨, 이들 모두가 상당히 흔한 우리 이웃, 어쩌면 우리 가족의 이야기일 수 있다.

4.
내 뒷모습

학자수(學者樹)의 기다림 | 어머니의 마음 | 내 자리 | 걷기 유감(有感)
돌을 보는 마음 | 닮은꼴 | 나의 노년준비 | 내 뒷모습

학자수^{學者樹}의 기다림

소백산 능선은 아름답고 장엄했다. 태백산맥과 만나 '人' 자 형상을 이루고 있는 모양새도 범상치 않다. 그사이에 안기듯이 자리하고 있는 고장 풍기는 그래서 예로부터 신이 알려준 복된 땅으로 소문이 났나 보다.

내가 문화재 탐사 차 이곳을 찾은 것은 두 번째다. 그동안 나에게 문화재란 그저 오래된 건물 정도로만 여겼었는데 우리 역사와 문화에 관심을 갖게 되면서 단순한 옛날 집 이상임을 알게 되었다. 그래서인가. 소수서원이라는 안내 팻말을 보자 이곳에선 무엇이 나를 기다리고 있을까 가슴이 뛰었다. 서원 이름인 '소수'가 무슨 뜻인가도 궁금했다.

서원 경내로 몇 발짝 발을 옮겼는데 학자수(學者樹)란 이름표가 붙은 붉은 소나무와 만났다. 나이가 500살이란다. 서원을 지키며 서 있는 모습이 당당하고 의연하다. 그간 온갖 풍상을 겪으면서 그 많은 계절과 시대의 추운 겨울을 이겨내며 시절의 흐름에도 연연치 않고 푸름을 지켜왔기에 오직 한길 학문에 정진하는 선비의 모습 같다 하여 붙여진 이름이리라.

그는 수백 년을 한 자리에 서서 묵묵히 모든 것을 보아왔을 것이다. 기쁘고 즐거운 일도 있었겠지만 안타까운 일은 얼마나 많았겠으며 분하고 속상한 일은 또 얼마였겠는가. 그럼에도 담담히 타는 가슴 흐르는 눈물도 내보임 없이 안으로만 삭여왔을 세월이다. 물론 훌륭한 인재로 부름 받아 나서는 젊은이들을 보면 누구보다 따라가 축하해 주고 싶기도 했으리라.

소수서원은 조선조에 왕이 후원하는 사액서원이었단다. 해서 이곳에서 배출된 인재들도 만만치 않았다.

그 스승에 그 제자라 했으니 훌륭한 스승에 훌륭한 인재들이 얼마나 많이 나왔겠는가. 그렇다고 모두가 학자수만 같았을까. 사람의 모습들이 각기 다른 만큼 한 스승 밑에서 배웠어도 생각이 다르고 꿈이 달랐으리니 어찌 스승의 가르침대로만 이었으랴. 그래서 이곳에서 가르치고 군수로도 있었던 퇴계 이 황이 그 마음을 시조로 전한 듯하다.

우러르고 사모하여 모여드는 저 인재들
학문 닦는 것이 출세를 위함이 아니라네
옛 스승 볼 수 없어도 그 마음 느껴지니
차고 맑은 저 냇물에 휘영청 밝은 달빛

어렵게 학문을 닦은 선비라도 '지식 있는 어진 사람'으로 욕심 없는 사람만 되려 했겠는가. 바른 군주 앞에 나아가 옳은 뜻을 펼친다면 더할 나위 없겠으나 군주 또한 다 성인은 아니니 뜻이 달라 닦은 학문을 빛내 볼 수도 없이 그저 도(道)를 실행하는 인격으로만이었다면 그 얼마나 억울하였을까. 하지만 서원이 세

위졌을 때는 나라가 어지러워 민심이 흉흉하던 때였으니 어두운 밤을 밝히는 달빛과 같이 세상을 바르게 하는 밝고 곧은 선비가 나오기를 고대했던 마음은 퇴계뿐만이 아니었을 것이다. 학자수는 그런 사람들의 마음과 시대적 회오리의 겨울에도 묵묵히 자리를 지키며 늘 푸른빛을 잃지 않았으니 그 어찌 선비의 표상이 아니랴.

학자수가 굽어보고 있는 서원 경내로 들어가자 지금의 대학 강의실에 해당될 강학당과 만났다. '소수서원'이란 편액이 높이 걸려있는 것으로 보아 이곳이 가르침과 배움의 중심이었구나 생각이 들었다. 소수(紹修)는 '학문에의 길로 다시 이어 준다.'는 뜻이란다. 아마 제대로 학문을 가르치고 배울 수 있는 곳이라는 자부심과 긍지가 느껴지는 이 서원에 딱 어울리는 이름이다.

강학당 앞에 서니 전국에서 청운의 뜻을 품고 몰려온 유생들의 글 읽는 소리가 낭랑하게 들리는 듯하다. 그들에게 '너 자신을 속이지 말며 매사에 공경으로 해라는 퇴계 선생의 가르침은 더욱 큰 힘이 되었을 것 같다. 그래서인지 다른 건물 마루의 높이보다 한 단 높게 지어져 있다. 아마 배움을 최선으로 하여 삶 속에서도 선현의 학문을 공경하라는 뜻을 몸에도 눈에도 배게 하려는 것이 아니었을까.

서원 옆 죽계천을 건너 소수박물관에 들었다. 삼국시대로부터 조선조에 이르기까지 전시해 놓은 소장물들에서 선비들의 역사가 느껴진다. 무엇보다 유학의 다른 이름인 성리학의 전래나 발달과정이 한눈에 들어와 유교 전문 박물관임을 실감케 한다.

노학자 이황이 17세의 어린 임금 선조가 성군이 되기를 바라는 뜻에서 군왕의 도에 관한 학문의 요체를 도식으로 표현했다는 성학십도(聖學十圖)가 내 눈을 떼지 못하게 한다. 검은색 목판에 촘촘히 새겨진 글로도 그 뜻을 전하기에 모자라 그림으로까지 설명을 더하고 있다. 소수서원에서 학문을 닦는 유생들은 신분의 높고 낮음이 없다고 가르치던 분이니 임금에게도 마땅히 해야 할 바를 모두 가르치지 않았을까. 그 내용을 성학이라 부른 걸 보면 선조가 성왕(聖王)의 참 모습을 보고 배우라는 것이었을 테니 학교에서 학생을 가르치는 내게도 학문을 열심히 닦고 부지런히 실천하여 더욱 완성된 인간으로 살라는 가르침으로 들려온다.

서원을 굽어보며 학자수는 그런 퇴계의 마음과 삶까지 나이테로 하나하나 간직해 왔을 것 같다. 그러나 한편 생각해 보면 오랜 세월 동안 참고 기다리기만 하려니 얼마나 답답하고 외로웠을까. 역사의 증인으로 후세 사람들에게 바라는 바도 많을 법하련만 오늘따라 바람 한 점 없어서인지 그의 움직임도 볼 수가 없다.

문득 강단에 선 내 모습을 비교해 본다. 나도 옛 서원의 교수 노릇을 하고 있는 셈이지만 그때의 선비들처럼 소나무 같은 정신이 있기나 한지 모르겠다. 학문한다면서도 이치를 깨닫는 일에만 몰두한 나머지 평정심을 유지하거나 몸을 단속하는 데는 최선을 다하지 못했던 것 같아 소나무 그늘에서 얼굴을 붉히고 만다.

그래서일까. 죽계천 변 바위에 붉은색으로 새겨져 있는 '敬'자가 유난히 크게 눈에 들어왔다. 소수서원을 세운 주세붕이 후학들에 남겼다는 글씨로 항상 공경하는 마음을 유지하라는 것일 텐데 내게도 몸과 마음을 삼가 바르게 가지라는 것 같다. 사실 풍요로운 21세기를 살고 있는 나나 이 시대 사람들은 얼마나 많은 것을 가졌는가. 하지만 정작 옛 선비들이 지녔던 맑고 곧고 향기로운 것은 지니지도 갖추지도 못했다는 아쉬움이 서원 경내를 거니는 내내 떠나질 않는다.

한 바퀴를 돌아와 학자수 앞에 다시 선다. 그러나 말없이 오가는 사람을 지켜보며 오늘을 살아가는 내게도, 가고 오는 사람들에게도 참 많은 말을 하고 싶을 것 같다는 생각이다. 그냥 혼자만 안고 가고자 함인가, 아니면 아직 말할 때가 아니라는 것인가. 그래서 그저 묵묵히 솔향만으로 그 많은 말을 대신 하는가. 하지만 말하는 것보다 하지 않음이 더 많은 말이 된다는 것을 말하고 있는지도 모르겠다. 그렇지만 500년을 넘겼는데 무엇을 얼마나 더 보고 더 기다리려 함인가. 학자수 나무 위로 하얀 구름 한 점이 자기도 함께라는 듯 머물고 있다.

어머니의 마음

선배 모친이 돌아가셨다는 부고를 받았다. 직장 일로도 신경을 많이 쓰며 고생하고 있었는데 얼마나 더 상심이 될까 걱정되었다. 퇴근 후 영안실로 가던 길에 문득 매일 아침 출근 전에 홀어머니께 문안 전화를 올린다는 제자의 얼굴이 떠올랐다. 해서 나도 부모님께 전화를 드려봐야겠다는 생각에 번호를 눌렀는데 계속 통화 중이다. 누구와 긴한 대화를 하시는지 한참을 기다렸다 다시 여러 번을 시도해 봤으나 여전히 통화 중이다. 혹시 전화기가 잘못 놓여 있을지도 모른다는 생각에 아파트 경비실에 확인을 부탁했다.

문상하러 온 선배 친구분들과 올해로 팔순을 맞으셨던 고인에 관하여 얘기하며 자신들의 어머니는 어떤지 서로 안부를 나눴다. 여기저기 편찮은 곳이 많지만 그래도 살아계시니 얼마나 다행이냐는 얘기를 하는 선배도 있었지만 돌아가셔서 계시지 않다는 이들이 더 많았다. 살아계실 때 연락이라도 더 자주 하지 못한 것을 후회하는 이도 있어 매일 전화를 한다는 제자가 새삼 대단하게 생각되었다.

밤 열한 시경 영안실에서 나오려다 손 전화를 확인하니 부모님에게서 온 전화가 한 시간 전에 세 번이나 와 있었다. 연락을 바로 하려다 너무 늦어 내일 아침에 하리라 마음먹었다. 하지만 부모님은 내가 무슨 일이 있어 여러 번 전화하려 했던 것은 아닌지 오히려 내 걱정을 하시지는 않았을까. 아들에게 세 번이나 연락했는데도 통화를 못 하였으니 궁금하여 잠은 제대로 주무실까. 일찍 주무시는 부모님이시라 전화도 못 하고 마음만 조급해졌다. 내일까지 어떻게 기다리나.

다음 날 아침 출근길에 어머니께 사연을 말씀드리니 "엄마 걱정하지 말고 네 일이나 챙겨라. 너 지금 운전 중이니? 끊어라." 하신다. 한동안 연락도 못 드릴 때면 섭섭해하셨지만 어쩌다 내가 한꺼번에 여러 번 전화를 했으니 그렇게 말씀하시는구나 싶었다. 그런데 어머니가 원하시는 것은 과연 자주 연락드리는 일뿐일까. 하기야 어머니와의 대화 내용은 여기저기 아픈 증상에 대한 것이 대부분이다. 이를 들어주는 자식들로부터 당신에 대한 관심을 확인하고 싶은 것이리라. 보고 싶을 때마다 자주 찾아와 주지 않는 자식들에게 '얼굴 좀 보자.'는 어머니의 속마음을 이렇게라도 표시하는데 그동안 너무 모른 체했던 것 같아 가슴이 아려왔다.

아들이 원룸을 얻어 나간 지 벌써 5개월째다. 신세대답게 자유를 찾아 혼자만의 공간에서 대학생활의 마무리를 해 나가는 아들은 용돈이 떨어졌을 때를 빼곤 거의 연락을 안 한다. 무소식이 희소식이란 생각이 들어 편하기도 하지만 왠지 아들의 빈방을 볼 때마다 마음은 허전해진다.

  어머니에게도 무소식은 과연 희소식일까. 팔순을 훨씬 넘기신 어머니께 이제부터 기쁘게 해 드린다 해도 앞으로 남은 시간이 그리 많지 않은 것 같다. 어렸을 때 문득 '어머니가 갑자기 돌아가시면 어떻게 하지.' 하는 걱정에 혼자서 우울해 했던 일이 생각난다. 내일부터는 출근길에 들러서 인사드리고 갈까도 생각해 본다. 그러면 현관에 들어서는 나에게 "왜 바쁜데 아침마다 오니, 직장과 네 집안이나 잘 챙겨라." 하실 것 같다. 아무래도 제자가 하는 것처럼 출근 전에 문안 전화를 드리는 것으로 대신해야 할까 보다. 그래도 어머니는 아들 얼굴 보기를 더 바라지 않으실까.

어머니의 마음 171

내 자리

어렸을 때 나만 백일이나 돌 사진이 없어 궁금해했다. 그래서인지 "넌 다리 밑에서 데려왔어." 하며 나를 떠보시던 외삼촌의 말이 가볍게 들리지 않았다. 정말 나만 다른 곳에서 온 것은 아닐까 의심이 들곤 했다. 새 옷을 입을 때마다 어머니는 "너는 왜 옷을 입어도 태가 나지 않니." 하시며 형님, 누나와 비교했던 것도 마음에 걸렸다. 집안에서의 내 자리가 불안하게 느껴져서였을까 모든 일에 열심을 내 인정을 받으려고 했다.

그런데 원하던 중학교 입시에 낙방하여 부모님을

실망시켜 드렸다. 새벽 라디오 방송에서 나오는 합격자 발표를 이웃집 아주머니가 듣고 그 소식을 알려주었다. 자다가 낙방 소식에 깨어 울고 있던 나는 무슨 생각에서였는지 아버님께 "꼭 좋은 대학에 들어갈게요." 다짐했다. 일류 학교에 다니던 형, 누나를 의식해서였을까. 후기로 지원하여 들어간 학교가 서울역 근처에 있어 통학에 먼 거리였지만 마다할 처지가 아니었다. 그러나 일류 중학교에 들어가 뽐내고 다니는 친구들과는 운명이 갈린 듯 나만 변방에 떨어진 느낌이 들었다. 거리에서 어쩌다 만나도 그냥 지나쳐 눈을 마주치지 않으려고 했다. 더구나 모자와 교복이 그 친구들 것과는 달리 유난히 초라해 보여 작은 키가 더 작아지는 것 같았다.

2학년 가을 어느 날. 어머니는 집에 돌아올 때 학교 근처에 있는 중앙 청과시장에 들러 오라고 하셨다. 채솟값이 무척 비싸던 때라 도매시장인 그곳에서 감자와 당근을 사 오라는 것이었다. 하긴 어렸을 때부터 어머니께서는 아들들에게 부엌일을 자주 시키곤 하셨다. 물론 동네 시장에 가서 두부, 콩나물 등을 사오는 일도 아들들의 몫이었다. 중학생 교복을 입고서는 한 번도 하지 않았던 일이라 쑥스러웠지만 다른 형제들이 못하는 일이니 더욱 내가 해야 할 것 같았다. 학교가 파하고 친구들과 헤어져 시장으로 가는 길이 낯설었지만 기다리고 계실 어머니 생각에 발걸음을 재촉했다. 입구에 들어서자 가게 아줌마들이 학생이 무슨 볼일이 있어 왔나 의아해했지만 이내 눈치를 채고 관심을 보인다. "학생, 뭐 찾는 거 있어?" 말을 거는 인상 좋은 아주머니 가게로 갔다. 어린 중학생이 딱해 보였는지 덤까지 얹어 주는 바람에 가져간 보자기 둘이 제법 묵직해졌다. 집으로 돌아오는 만원 버스 안에서 이리저리 떠밀렸지만, 책가방과 보따리를 놓치지 않으려 땀을 흘렸다. 대문을 열고 들어서자 온 가족이 모여 있다가 나를 개선 장군처럼 떠들썩하게 맞아 주었다. "어떻게 이 무거운 것을 들고 왔니." 어머니는 안쓰러워하면서도 좋아하시는 눈치였다. 보따리를 들고 땀에 젖은 얼굴로 들어온 나를 형, 누나도 환하게 웃으며 반겨서인지 온 가족으로부터 내 자리를 새롭게 인정받는 것 같았다. 중학교에 들어간 이후로 내내 마음이 무겁기만 했는데 그 일로 해서 나는 그 짐에서 벗어날 수 있었다.

그래서인지 지금도 부모님 댁에 갈 때면 작은 것이라도 들고 가는 것이 습관처럼 되어버렸다. 그럴 때마다 어머님은 "뭘 그리 힘들게 들고 오느라 고생하니." 하신다. 청과시장으로 심부름시켰던 일을 기억하시는 걸까. 보따리를 들고 대문을 들어서는 나를 반기시던 모습이 그리워진다. 이젠 다시 그런 뜨거운 환영 받을 일은 없을 것 같다. 그때가 그리워지는 것은 움츠러들기만 했던 나를 다시 자리매김하게 된 기억 때문이리라. 언제 시장에 나가 그때처럼 감자, 당근을 보자기 가득 사서 어머니께 갖다 드려 보면 이젠 뭐라 하실까.

걷기 유감有感

걷기가 취미가 된 지는 꽤 오래되었다. 산길 걷기를 더 좋아한다. 광화문에 살 때는 산길을 매일 걸었다. 산책로를 따라 여유 있게 걷는 많은 사람 속에서 등산화를 신고 속보를 했다. 아스팔트 위를 빨리 걷기가 쉽지는 않았지만, 보행을 할 수 있는 곳은 이곳뿐인지라 달리 방법이 없었다. 그런데 언제부터인가 오른쪽 발뒤꿈치가 아프기 시작했다. 진찰을 받았더니 족저근막염이라고 하는데 나아도 재발이 잦다고 했다. 운동의 효과를 높이느라 발바닥을 너무 혹사한 것이 화근이었다. 내가 신는 등산화는 쿠션이 적어

산길에서 흙을 밟고 걷기에는 적당하지만 딱딱한 평지 아스팔트 위를 걷기에는 부적절하다는 것도 나중에 알게 되었다. 진단을 받고 신발 뒤꿈치에 깔창을 대보았더니 조금 도움이 되긴 했지만 이전처럼 속보하기에는 무리였다. 그래서 걷는 것을 줄여 보았더니 발의 증상은 좋아졌지만 운동하지 못하는 마음에 좀이 쑤셔왔다. 좀 괜찮아진 것 같아 예전처럼 다시 걷기라도 하면 영락없이 통증이 도져 만성이 되지 않나 걱정이 되었다.

  초등학생 시절 부모님이 외출하실 때면 아버지가 먼저 앞장을 서시고 어머니가 따라가는 것이 전혀 이상하게 보이지 않았었다. 그 당시는 많은 어른이 그렇게 했기 때문이다. 아마 남자가 가족을 대표해 밖으로 나서는 일이 더 많다 보니 앞서서 걷는 것이 습관처럼 되었는지도 모르겠다. 그런데 가족이 함께 외출할 때도 아버지는 크고 빠른 걸음으로 저만치 앞장서 가서서 우리는 따라가느라 늘 뛰다시피 했다. 그런 아버지의 뒷모습만 따라가다 보면 아버지가 왠지 낯설게 느껴지다 못해 야속하다는 생각도 들었다. 왜 혼자서만 앞서가실까. 나는 어른이 되면 가족들과 나란히 가리라 마음먹었다.

그래서 광화문으로 이사 와서부터는 동네 한 바퀴를 돌아 인왕산으로 향하는 성곽길을 걷기도 하지만 경희궁 주변 언덕길을 짧게 걷기도 했다. 아내와 걸을 때도 어쩌다 앞장서 걷게 되면 이내 발뒤꿈치가 쑤시기 시작하여 어쩔 수 없이 보조를 맞춰 걷게 되었다. "진작부터 같이 걸었으면 얼마나 좋았겠어?" 하면서 아이들이 어렸을 때 가족 나들이를 할 때도 내가 항상 앞서서 걸었다는 아내의 말에 문득 혼자 앞장서 걸어가셨던 아버지의 뒷모습이 떠올랐다. 그런 나의 걷기 습관은 이미 오래전부터 있었던 것으로 보아 아버지를 닮은 것일 텐데 닮지 말았으면 하는 것은 똑 닮는다는 말이 실감 났다.

딸아이가 방학이 되어 집에 오자 오랜만에 네 식구가 남이섬엘 갔다. 드라마 <겨울연가>에 나왔던 운치 있는 가로수 길에서 눈을 맞으며 나란히 걸으니 발도 아프지 않았다. 예전에는 왜 혼자 가족과 떨어져 앞서서만 걸으려고 했던지. 혼자 앞만 보고 바쁘게 달려왔던 그동안 내 삶의 모습이 걸음걸이에서도 나타난 것이었을까 생각하다 보니 입맛이 씁쓸해졌다. 하지만 이렇게 내 뒷모습을 보이지 않아 안심이 되었다.

요즘 진료실에서 만나는 환자들로부터 내가 여유있어 보인다는 말을 듣는다. 그동안은 환자들의 문제를 같은 눈높이로 바라보면서 그들과 나란히 나아가기보다는 나만 앞장서 서두르면서 따라오기를 강요할 때가 많았다. 그런 내가 걸음걸이가 바뀌면서 진료실에서도 달라졌다고 한다. 그러고 보면 무리하여 병은 생겼지만 서두르는 나를 자연스레 늦춰주어 삶의 리듬을 잡아주니 그리 섭섭하지는 않다. 삶이란 길을 따라 걷는 여정 같은 것이라면 그 길은 나 혼자서가 아닌 가족과 친구와 더불어 걸을 수밖에 없다는 생각이 든다. 함께 한다는 것, 동행한다는 것의 즐거움은 나 혼자만이 아니라는 그 이유만으로도 충분하리라.

앞서서 혼자 걸으려고만 하는 내 습성은 살아갈 날에 대한 불안 때문은 아닐지는 모르겠다. 이제 60을 넘긴 나에게 앞으로의 삶의 모습도 거기에 어울리게 달라졌으면 하고 바라는 것은 무리일까.

돌을 보는 마음

 사무실의 수반에 있는 돌을 보는 것이 큰 즐거움이 되었다. 여러 개의 산봉우리가 있고 그 아래로 호수도 있는 형상의 돌은 경기도 포천의 산정호수 주변을 그대로 옮겨 놓은 것 같다. 물을 뿌려주면 푸른색이 드러나 마치 호수를 품은 깊은 산속에 와 있는 느낌이다.
 25년 전 충주에 살 때다. 직장 동료로부터 이 고장은 수석이 유명하다는 말을 들었다. 심지어 돌을 팔고 사기도 한다는 말에 "돌이면 돌이지 그런 걸 사는 사람도 있나?" 했다. 그런데 돌을 채취하는 모습을 한 번 보게 되자 생각이 달라져 버렸다. 모래 속에 묻혀 있던 돌이 전문가의 눈에 발견되어 물로 씻겨지면 전혀 다른 모습이 되었다. 강가에서 흔하게 보이는 수석(水石) 중 하나가 올려져 귀한 수석(壽石)으로 신분이 바뀌었다고나 할까.

처음엔 그저 보통 것과 다른 모양과 색깔에 신기해하며 즐거워했다. 그러나 점점 보는 눈이 생기면서 나는 특히 산이나 들 같은 자연적 경치를 닮은 것에 더 마음이 끌렸다. 어느새 강가에 나갈 때마다 주워 온 것들이 열 점이나 되어 선반에 진열도 했다. 시간이 가면서 산과 계곡이 있는 신비로운 모양의 돌에 감탄하며 돌에 점점 빠져들었다. 찬찬히 보고 있노라면 내가 심산유곡에 가 있는 착각을 할 때도 있었다. 산봉우리가 이어져 있는 모양에서는 계곡으로 흐르는 물소리가, 너른 평원 모양에서는 들판을 지나는 바람소리가 들리는 듯했다. 보고 생각하며 만져보느라 족히 몇 시간씩도 보내게 되는데 그러다 보니 돌과 대화를 한다는 말이 조금씩 이해가 되었다.

동호인들의 권유로 전문가를 따라 남한강으로 탐석을 나가기도 했다. 그러나 온종일 이 돌 저 돌을 뒤집어보며 작품이 될 만한 것을 찾아내는 일은 고행이었다. 땡볕에 강바닥을 뒤지며 혹시나 하는 마음으로 찾아보지만 소득은 없었다. 수석 가게를 하는 친구는 "돌 보기를 황금같이 하라."고 훈수해 주었다. 황금 보기를 돌같이 하라는 말은 들었지만, 수석으로 이름이 난 여기서는 그 말도 맞겠구나 생각이 들었다. 잘생긴 돌을 찾으면 돈이 되니 열심히 하라는 말이었으리라. 그는 돌을 사고파는 영업을 하니 그렇게 말할 수도 있겠다 싶었지만 강바닥에서 찾은 것을 사고파는 일이 왠지 자연스러워 보이지는 않았다. 이런저런 생각을 하며 강가에서 하루를 보냈지만 마음에 드는 돌은 보이지 않았다. 잔뜩 기대하며 메고 간 커다란 배낭이 허전했다. 돌아오는 길에 하는 수 없이 그 허전함을 수석 가게에서 산 돌로 채웠다.

처음엔 나름대로 아름다움을 감상하는데 관심이 있었지만 이내 이 돌은 얼마 저 돌은 얼마 하며 값을 매

기는 것에 익숙해져 갔다. 가게 출입이 잦아지면서 내 눈에도 값나가는 것만 보이기 시작했다. 강가에서 탐석을 할 때도 숨겨진 보물을 찾고 있는 것 아닌가 생각이 들었다.

내 방 한쪽 벽이 빼곡히 산 돌들로 채워지자 갑자기 부자가 된 듯했다. 하지만 이전에 돌과 대화하듯 즐기던 그런 시간은 오히려 줄어들었다. 서울로 올라와서는 이사를 할 때마다 포장하고 옮기는 일이 번거롭기만 했다. 해서 외국에 나가느라 짐을 정리하게 되자 가까운 친지들에게 인심을 쓰며 모두 나누어 주었다. 박봉에 돈을 아껴 사 모은 것들이라 아까운 생각이 들었지만, 그들이 기뻐하는 모습에 나도 따라 즐거워졌다. 반드시 비싸지는 않더라도 자연의 아름다움을 느끼고 즐기기에는 충분한 것들인데 왜 값나가는 명품을 찾아 그렇게 강바닥을 헤맸던 것인가.

돌에 물을 주며 수반의 모래도 가지런히 해본다. 푸른색 산봉우리와 그림자가 드리워진 호수는 내 마음도 청정하게 만들어준다. 내게서 선물을 받고 좋아하던 분들도 자주 감상을 하다 보면 나와는 다른 새로운 안목이 생기지 않을까. 그래도 나처럼 황금같이 보이는 돌을 찾아 나서지는 않았으면 싶다. 보는 것만으로도 행복해지는 마음은 황금이 아닌 자연을 욕심 없이 볼 때일 것 같다.

닮은꼴

 강아지도 같이 오래 살면 주인을 닮는다고 한다. 졸졸 나를 따라다니는 똘이를 보고 아들과 딸이 샘을 내며 부러워한다. 그런 똘이가 나를 닮은 데가 있을까.
 똘이가 부모님 댁으로 간 지 1년 반이 지났다. 그래서인지 녀석이 나를 대하는 모습도 사뭇 달라졌다. 어쩌다 들르면 반가운 몸짓보다는 슬금슬금 옛 주인에게 다가와 마지못해 아는 체를 한다. 더구나 제 밥 시중과 대소사를 꼬박 챙겨 주는 아버지를 쫓아다니면서부터 내게는 아예 오지도 않는다.

녀석은 이미 노년이라 눈도 흐려지고 거동이 예전 같지 않아서이기도 하지만 왠지 서운하다. 사람으로 치면 팔순의 나이다. 그래서인지 운동도 줄었다. 세 동밖에 안 되는 아파트 단지이지만 주위를 돌면서 볼일도 보곤 했는데 이젠 짧은 거리를 마지못해 걷고는 이내 집으로 향한다고 한다. 그런 똘이를 아버지는 못내 안쓰러워하신다. 팔순의 노년으로 똘이의 기력이 쇠하여지는 것을 당신의 모습으로 생각하는 것은 아닐까.

그런데 똘이가 이빨이 흔들거리고 아파하는 것 같다는 전화를 받았다. 치아가 좋지 않아 고생을 많이 하셨던 아버지는 똘이가 겪는 고통이 남의 일 같지 않은가 보다. 단골 동물병원엘 데려가 보기로 했다. 나를 좇아 병원에 가는 똘이가 안 되어 보였던지 아버지도 같이 가시겠단다.

한데 녀석은 어떻게 병원에 가는 줄을 알았는지 차 안에서도 자꾸 운전하는 내게로 오겠단다. 몇 년 전 어깨 관절이 고장 나 대학병원에 다녔던 때가 생각났나 보다. 진료를 받으러 갈 때마다 겁이 났던지 운전하는 내게서 떨어지지 않으려 했었다. 이번에도 하는 수 없이 녀석을 내 앞에 앉히고 운전을 하며 병원으로 갔다.

병원에 들어서자 녀석이 갑자기 꼬리를 내리고 부들부들 떨기 시작했다. 내가 진료실로 원장님을 만나러 들어가자 똘이는 아버지와 함께 대기실에서 기다렸다.

그런데 이상한 것은 집에서는 아버지 곁을 한 치도 떨어지지 않으려던 녀석이 내 목소리가 들리는 진료실 문 바깥에서 떨고 있더란다. 병원 직원이 껴안고 토닥거리며 안심을 시켜도 내가 있는 쪽만 바라보며 끙끙거리기는 마찬가지였다고 한다. 원장과의 면담을 마치고 내가 안아주자 녀석은 비로소 끙끙거리는 것도 몸을 떨던 것도 멈추었다.

"아빠를 눈이 빠지게 찾았어요." 하며 직원은 우리를 부자 사이로 보았다.

마취 후에 흔들거리는 이빨을 몇 개 빼고 스케일링

까지 마쳤다. 마취가 풀리면서 게슴츠레하던 눈도 점점 또렷해져 갔다. 그런데 집으로 돌아가는 차 안에선 올 때와는 너무나 달라 놀랐다. 내게 오려고 안달하던 모습은 사라지고 다시 아버지 품에 안겨 느긋한 표정으로 내게는 눈길도 주지 않는다. 이 녀석이 자기가 필요할 때만 나를 찾고 이젠 더 볼 일이 없어졌다는 말인가.

나를 떠나 아버지와 더 가까워져 그러려니 하지만 어이없기도 했다. 하지만 부모님의 말벗도 되고 든든히 집을 지키는 역할도 하니 내가 못 하는 효자 노릇을 하고 있음에 틀림없다는 생각으로 위안을 삼는다.

부모님 댁에 돌아와 동물병원에 오가며 있었던 일을 애기하니 어머니가 한 말씀 하신다. "똘이는 역시 너 닮았구나."

평소에 바쁘다는 핑계로 집안일에 소홀히 하나 내가 급할 때면 당신을 찾곤 하던 기억이 나셔서일까. 가족끼리는 서로 닮는다고 하는데 똘이도 나를 닮아서 그런가. 이왕 닮으려면 좋은 것도 닮아야 하는데.

언젠가 나의 좋은 모습도 닮은 것을 보여주리라 기대를 해 보지만 그게 언제일지. 똘이가 더 오래 살아야 그런 날도 오지 않을까.

나의 노년준비

겨울이 되면 누구나 외로움을 느끼는 걸까.
인생의 겨울에 이르면 더 그러지 않을까.
팔순을 넘기셨지만 그런대로 정정하신 부모님께서 요즘 안부 전화를 자주 걸어오신다. 별일 없느냐고 물으시며 이런저런 말씀을 하시다가 말미에는 바빠도 전화 좀 하라는 당부를 잊지 않으신다.
활달한 성격의 어머니는 노인정에 말동무가 여럿 있으신데도 아들딸에 비할 바는 아니신가 보다. 어렸을 때부터 어머니는 자식들이 바깥에서 겪는 일에 대해서도 소상하게 듣기를 원하셨다. 그런 어머니께 참

을성이 없는 나는 거두절미하고 대충 요점만 말씀드려 실망을 드리곤 했다. 말수가 적으신 아버지에게서 채워지지 않은 그날그날의 바깥소식을 자식들로부터 보충하시고자 했던 것 같다. 어머니는 모든 궁금증이 풀릴 때까지 얘기를 들어야만 직성이 풀리는 것 같았다. 더 자세하게 말해 달라며 어머니가 또 물어 오실 것 같아 나는 집에 들어서면 바쁜 척 딴청을 부릴 때도 있었다.

겨울방학이 되어 딸아이가 집에 왔다. 화기가 돌고 집안이 꽉 찬 느낌이 들어 든든하기까지 했다. 그동안 어떻게 지냈는지 자세한 얘기를 차근차근해 줄 것으로 기대했지만 짧게 잘 지냈다고만 한다. 나를 닮아서일 텐데도 몹시 서운했다. 다른 것은 닮아도 이런 것은 안 닮아도 되는데 말이다. 지난 여름방학 때 보고 이제야 다시 만난 건데 이렇게도 부모 마음을 몰라주는가 하는 생각이 들어 어머니의 마음을 조금은 헤아리게 되었다. 방학을 마치고 돌아가는 딸아이에게 공항에서 다음 여름방학 때 집에 오면 지냈던 애기를 좀 더 자세하게 해 달라고 하니 대답만큼은 시원하게 하고 떠나 그나마 위로가 되었다. 그러나 딸아이의 무뚝뚝한 성품은 나를 닮아서이기도 하지만 짧은 대답에 만족 못 하는 내가 너무 힘들게 하는 것은 아닐까.

진료실에서 만나는 팔순의 ㅁ 할머니가 생각난다. 짧은 진료시간에도 가족 애기를 빼놓지 않으신다. 집에서는 주로 당신의 건강에 관한 애기를 아들들에게 하지만 잘 들어주는 사람은 없단다. 그래도 막내며느리는 다르다고 할 때는 얼굴이 환해진다. 물론 당신을 항상 모시고 다녀서이기도 하겠지만 투정이 많은 시어머니에게 안부 전화를 꼬박꼬박하며 근황을 자세히 설명한다니 그럴 만도 했다. 그러나 지난해부턴가 그 며느리의 표정이 어두워지더니 몹시 힘들어하며 내게 하소연을 해왔다. 모시고 다니는 것은 괜찮은데 말동무하기가 너무 힘드니 자기도 입원해서 치료를 받고 싶다고 했다. 자상하게 소통하며 위로받고 싶어 하는 시어머니를 이십 년 넘게 맞추어 드리는 게 보통 일이었을까.

　전화로 안부를 물으시는 부모님의 목소리를 들으면서 나는 노년이 되면 어떨 것인가 생각해 본다. 그때가 되면 아들과 딸이 나에게도 다정하게 얘기를 해줄까, 아니면 내가 먼저 안부 전화를 걸어 차근차근 얘기를 시작할까. 그런 나를 아이들이 지루해하며 피하지는 않을까에 생각이 미치자 겨울 날씨만큼이나 마음이 스산해진다. 적어도 나 때문에 입원하고 싶어 하는 자식이 있어서는 안 될 텐데.

　어머니를 속 시원히 못 해 드린 일이 떠오를 때면 아쉽기도 하다. 속이 시원해질 때까지는 아니더라도 이런 저런 얘기를 웬만큼은 해 드릴 걸. 왜 그때는 마음의 여유가 그다지도 없었던지. 딸로부터 얘기를 듣기 좋아하는 나를 보니 어머니를 닮아가는 듯하다. 차라리 듣기를 기다리기 전에 내가 먼저 안부를 물으리라 다짐해본다. 웬만큼 듣고 안부를 확인하면 지금은 만족할 것 같지만 노년이 되면 정말 그럴까, 앞서 다짐한 것도 기억이나 할까. 내 노년준비는 굳게 다짐한 내용을 오래오래 잊지 않도록 하는 일부터 시작해야 할 것 같다.

내 뒷모습

 오랜만에 경희궁엘 갔다. 모교가 있던 자리여서인지 더 정감이 간다. 이른 시간이라 오가는 사람도 없어 사위(四圍)가 비교적 조용하다. 옛 운동장 터에는 역사박물관이 들어섰지만 그 옆 도서관 자리는 그대로 남아있다.
 교실이 있던 쪽을 바라본다. 학교가 파하고 도서관으로 향하는 학생들의 발소리가 들리는 듯하다. 하지만 주위의 숲에서 나는 나뭇잎 지는 소리가 마음을 쓸쓸하게 만든다. 가을인가 싶었는데 어느새 겨울이 가까이 와 있다.

얼마 전엔 이곳에 살았었다. 그러다 겨우 꽃과 나무를 가까이하고 산에서 불어오는 바람도 느끼는 여유가 생길 쯤 서운함 가득 이사를 했었다. 그러나 고궁 가까이 살다 보니 우리 것과 멋을 즐기는 법도 알게 되었다. 사 년이란 세월의 열매인가. 그동안 인근의 인왕산, 북한산도 가까이하며 둘레길도 즐겨 찾곤 했었다. 씽씽 앞서가는 사람들은 어떤 사람들일까 궁금하여 서둘러 따라잡아 보기도 했는데 뒤에서 바라보던 모습과 마주했을 땐 느낌이 사뭇 달라 흥미롭기도 했었다. 그곳에서 L선생을 만났었다. 오십 대에 들어서인지 희어져 가는 머리가 자연스러워 보였다.

그런데 뒷모습을 보는 순간 깜짝 놀랐다. 희끗희끗하지만 그런대로 모양이 나는 앞모습과 달리 여기저기 보기 흉하게 머리칼이 빠져 있는 모습이 그대로 드러나 보였다. 몇 년 전부터 직장 일이 힘들다더니 얼마나 스트레스를 많이 받고 있는지 짐작이 갔다. 앞모습처럼 꾸밀 수 없어서였을까. 사람의 뒷모습은 거짓이 없다고 하더니 탈모의 현장이 그의 현주소를 말해주는 것 같아 마음이 아려왔다.

 그동안 내 모습은 얼마나 변했을까 궁금해졌다. 물론 머리숱도 줄고 흰 머리칼도 더 많아졌을 것이다. 그러나 과거의 모습을 생생하게 기억할 수 없으니 비교가 안 되어 내심 답답하다. 그런데 아내가 내 삼십 대에는 뒤에서 봐도 머리를 곤추세우고 앞만 바라보고 걸었다고 했다. 가장 가까이에서 나를 관찰하였을 테니 그 말이 맞겠지만 무슨 뜻일까 궁금하다. 뭔가를 이루어내기 위해 옆을 돌아볼 여유 없이 내 일만 챙기기에 급급했다는 말인가. 그렇다면 뒤에서 보는 나의 등은 듬직함보다는 인색함을 보여주지는 않았을까.

 진료실에서 만나는 환자들은 또 어떨까. 내가 하는 말에 위로받고 안심하는 사람과 만족하지 못하거나 상처받은 사람은 표정뿐 아니라 때론 뒷모습도 다른 것 같다. 의원 노릇 삼십 년에 이제야 사람 보는 눈이 생겼다고나 할까. 때론 환자들의 성격이나 성향을 비슷하게 맞춰 용하다는 얘기를 들을 때도 있어 '돗

자리 깔고 본격적으로 해도 되겠다.'는 말도 듣곤 한다. 진료받는 환자들에게는 관상도 봐주니 진료비는 곱으로 내야 한다고 농담도 했는데 이러다가 '관상 봐주는 의사'로 불리는 것은 아닐까. 하지만 나는 그들에게 어떻게 보일까도 궁금하다. 기회가 되면 거울로 둘러싸인 방에서 내 모습을 자세히 보고 싶다.

내겐 아직도 아내가 기억하는 삼십 대의 모습이 남아있을까. 여전히 내 뒷모습에서 미더움보다는 인색함이 더 느껴질까. 하지만 이곳 광화문에서 사 년을 살면서 나의 뒷모습도 조금은 여유롭게 바뀌지 않았을까 기대해본다. 앞으로도 믿음직한 모습으로 보이기 위해서 남은 이 겨울 나를 만들기에 좀 더 애를 써야겠다.

■김유호의 수필세계

따뜻한 가슴으로 빚어낸 절제된 언어의 향기

— 김유호 수필집 《도루묵과 주례》

최원현 (수필가·문학평론가)
nulsaem@hanmail.net

 수필의 가장 큰 매력이요 강점은 자기 체험 곧 자기 이야기를 문학화한 것이라는 점이다. 수필은 문학이면서도 가장 확실하고 자신 있는, 그래서 가장 진실된 이야기다. 그러나 문제는 그 이야기가 나에게는 중요하고 감동일 수 있지만 다른 사람에게도 나와 같은 공감 내지 감동이 될 수 있느냐이다.
 문학은 독자의 감동을 전제로 한다. 소설은 그 감

동을 보다 크게 하기 위해 최대의 상상력을 동원하여 있을 수 있는, 있을 법한 이야기를 만들어 낸다. 그러나 같은 산문문학이면서도 수필은 허구가 아닌 진실의 문학이라는 점에서 그런 감동을 창출해 내는 가능한 수단이 문장력이 될 수밖에 없다. 감동과 재미를 위해 어떤 수단과 방법을 다 강구해도 좋은 소설과 달리 사실을 구성력과 문장력으로만 독자에게 승부하듯 나아가야 하는 것이 수필의 한계다. 그러면서도 절제된 표현과 품격 있는 언어의 사용으로 작가의 인격까지 보여주는 것이 수필 쓰기이다.

 최근 수필 쓰기의 경향은 신변잡사적인 것에서 특별한 소재를 전문적으로 다루는 테마 수필 쪽에 많은 작가가 참여하는 것으로 보인다. 개인적 삶의 질이 높아지면서 여행이 일반화되고 교통 및 이동수단의 발달로 어디든 단시간 내에 갈 수 있다는 이유도 되겠지만 내가 보고 느낀 것을 표현해 보려는 본연의 표현 욕구가 높아졌기 때문도 되리라.

 여행도 맛을 찾아다니거나 고행을 곁들인 명상의

시간을 갖는다거나 오지(奧地)만 찾는 등 자기만의 특성을 살린 글쓰기를 하고 있다. 여기에 다양한 직업군에서 보여주는 글쓰기까지 그 종류와 영역은 갈수록 많아지고 넓어지고 있다.

수필집 《도루묵과 주례》는 현직 대학교수이며 심장내과 전문의인 김유호의 첫 수필집이다. 매일 환자를 진료하며 의사로서 느끼는 것들이 많겠지만 그것이 글감이 되어 수필이란 문학으로 승화되기까지는 쉬운 일이 아니다. 그것이 오히려 더 어렵고 특별하게 보이지 않을 수 있기에 '이거다' 하고 잡히지도 않는 것이다.

아무렇지 않게 보여지고 아무렇지 않게 들린다면 그건 글감으로 끌어올려질 수 없기 때문이다. 그런데 김유호 수필가는 특별하지 않는 것과 특별한 것을 적당하게 낚아 올려 글감으로 쓴다. 그리고 그것을 지극히 감성적으로 다룬다. 그래서 지극히 다정다감한 글이 된다.

김유호 수필가는 1971년 창간되어 가장 오랜 역사

와 전통을 자랑하는 월간 《한국수필》에 2011년 6월 호 신인상 당선으로 등단했다. 그의 등단작은 <거짓말하는 의사>와 <똘이네 가족>이었다.

전문의가 진료 외적인 것으로 환자를 치유하는 이야기를 '거짓말'이란 표현으로 유쾌하게 만들어 풀어낸 이야기다. 의술과 인술의 치료는 몸과 마음을 함께 치료하는 의료행위이다. 진료비를 지불하고 진료라는 상품을 받아간다고 생각하는 현대라는 거래적 진료환경에 그는 안타까운 마음으로 환자에게 다가간다.

<똘이네 가족>은 집에서 키우는 강아지 이야기다. 아이들의 요청으로 들여온 강아지를 자신이 건사해야 하는 이야기에서부터 부모님께 잠시 맡겨두었던 강아지 똘이가 자식인 자신이 하지 못하는 효의 상당 부분을 해주고 있다는 사실의 인지까지 가족의 일원으로 똘이를 생각하는 인간애가 따뜻하게 배어난다.

수필집은 전체를 4부로 나눠 1.2부에선 의창(醫窓)에서 보고 겪고 느낀 이야기들을, 3부에선 신문 등에 발표했던 칼럼과 의학상식 등을 그리고 4부에선 의사

보다는 인간으로의 자신을 돌아보고 또 미래를 내다보는 내용들로 되어있다.

주가 되는 1.2부와 3부를 비롯한 내용들이 진료체험을 문학화하면서 사실보다는 가슴속 진실을 찾아내어 독자와 공감하고자 할 뿐만 아니라 삶 속에서 진실로 소중한 것이 무엇인가를 진지하게 탐색하고 있다.

김유호 수필집《도루묵과 주례》의 수필들에는 몇 가지 특징이 있다.

첫째, 따뜻한 가슴으로 쓰인 수필들

의사는 과학자이기 때문에 언뜻 계산적이고 객관적이어서 차가울 것이라고 생각한다. 한데 김유호의 수필들에선 하나같이 따뜻한 느낌을 받게 된다. 이러한 마음은 갖고자 한다고 해서 가져지는 것이 아니라 타고난 것에 지성적 지(知)와 도덕적 정(情)이 함께 해야 가능할 것이다.

그런데 환자나 가족들은 나보다 더 힘들어 보인다. 불경기에 주머니뿐 아니라 마음의 여유까지도 없어서일까. 의사 얼굴 한번 보기 위해 오래 기다려야 하고 여기저기 검사받고 나서도 또 기다려야 하니 얼마나 답답할까.
—<누구에게나 필요한 것> 중에서

의사가 환자의 입장을 배려하는 것은 당연할 것이다. 하지만 현실은 그렇지 않다. 전투적일 수밖에 없는 것이 대학병원의 진료환경이고 그러다 보니 환자에 대한 배려는 이상일뿐 현실에선 멀어져 버린다. 거기다 의사도 사람이다. 환자와 보호자를 상대로 수없이 이야기하며 컴퓨터 화면을 들여다보다 보면 눈이 시리고 머리가 멍해지고, 또 시술과 회진에 시달리다 보면 환자보다 더 지쳐버릴 수 있으니 환자의 마음을 들여다본다는 게 쉽지 않다. 하지만 작가는 자신이 힘든 것만큼 환자와 가족은 더 힘들 것이라는 생각을 한다. 그러다 보니 본의 아니게 환자나 보호자로부터 오히려 위로와 격려도 받는다. 오죽했으면 환자 보호자가 '우리 같은 사람도 있는데 선생님 힘내세요.' 할까. 그만큼 서로 이해가 되고 소통이 되는 사이라는 것 아니겠는가. 그러나 꼭 병원에만이 아니라 의사라는 직업은 시도 때도 없이 진료상황에 떠밀린다. 가족 모임에서도 예외일 수가 없다.

내 전공이 내과라 몸 안의 병은 다 알겠거니 하고 물어오지만 시원한 답을 주지 못할 때도 있다. 특히 어머니는 아프다고 하면서도 치료보다는 당신 애기 들어주는 것만을 더 원해서 헷갈릴 때도 있다.
—<돌팔이> 중에서

세분화되고 전문화된 요즘 같은 진료환경을 이해 못하고 의사는 어떤 병이든 다 치료할 수 있다고 믿는 일반적인 생각들과 특히 가족들의 경계 없는 진료 요구엔 돌팔이가 될 수밖에 없는 작가의 상황이 웃음을 머금게 하면서도 또 다른 진료 세상을 보게 한다. 거기다 환자의 형편이라도 알게 된 후의 안타까움은 의사에게 또 다른 부담이 된다.

집안에 남자가 넷이나 되었는데 이제 하나밖에 안 남았다니. 어머니가 너무 힘드시겠다는 말로 위로하려고 했지만 공허한 인사치레일 것만 같았다. (중략) 그가 나가는 뒷모습을 보며 '마지막 남자'란 생각을 했다.
—<마지막 남자> 중에서

유전인 심장병으로 두 아들을 잃었는데 남은 한 아들까지 잃을 뻔한 상황에서 겨우 그 하나는 건졌지만 남편이 가버렸으니 세 남자의 죽음을 봐야 했던 그의 마음이 오죽했겠는가. 그런 모습을 바라보는 작가의 마음도 따뜻하게 다가온다.

이처럼 김유호의 수필들에선 지극한 인간애가 가차 없이 가슴으로 파고든다. <생명의 은인> <엄니, 아들 이래유!> <에어 엠뷸런스> <도루목과 주례> 등에서도 모두 그런 따뜻함이 가슴 아린 감동으로 배어난다.

둘째, 위트와 유머가 함께하는 절제된 언어의 수필들

수필도 재미있어야 한다. 하지만 그게 쉽지가 않다. 한데 김유호 수필들에선 그런 재미스러움이 자주 나타난다.

당일 아침 시술장에 나타난 환자는 "아무것도 안 드셨죠?" 하는 내 물음에 "밥 먹지 말라고 해서 빵 먹었는데요." 해서 나를 당황케 했다. (중략) 어쩌면 그를 통해 고지식하기 이를 데 없다는 나를 본 것은 아니었을까.

―<밥 대신 빵> 중에서

수필은 사유의 문학이다. 그 사유가 독자에게도 나의 이야기가 되게 한다. 밥 먹지 말랬다고 밥 대신 빵을 먹었다는 환자를 보며 어이없어하면서도 그런 순간에도 자신의 고지식함으로 누군가도 겪었을 그런 답답함을 생각하며 그 환자의 모습에서 자신의 모습을 본다.

하루는 내 인턴이 어떤 환자에게 관을 삽입한 후 관장액을 막 주입하려는 참이었다. 그런데 갑자기 그 옆의 환자가 "나도 하면 안 됩니까?" 하고 물었다. 그때 인턴 선생 왈 "관할구역이 달라요!" 했다.

―<관할 구역> 중에서

대학병원은 특히 전문화되어 할 일이 세분화되어 있는 곳이다. 그런데 그 할 일을 관할구역으로 구분 짓는 인턴의 말을 놓치지 않는다. 단순히 그 말을 받아 옮기는 것이 아니라 그 말을 통해 작가는 정작 자기가 하고자 하는 말을 통쾌하게 대신해 버리는 촌철살인이다.

아버지가 칠십 대이니 효심 깊은 중년의 부인이 나를 기다리고 있을 것 같았다.
그런데 나를 기다리고 있는 것은 까만색의 잘 생긴 시바 종 암캐가 아닌가. (중략) 그런데 어떻게 딸이 되었을까.
—<깜이> 중에서

요즘이야 반려견이 일반화되긴 했지만 올 때마다 딸 이야기를 하던 환자가 딸을 만나 보자고 했는데 그게 중년 부인이 아닌 시바종 암캐였다. 이런 콩트 같은 전환이 김유호의 수필에선 독자를 유쾌 상쾌하게 만든다. 그런 유머와 위트의 유쾌함은 웃을 거리를 잃은 현대인에게 필요한 것일 뿐 아니라 현대수필에 꼭 필요한 요소이기도 하다. 위의 세 편만 아니라 <직업병> <사

투리> <할아버지의 유산> <똘이네 가족>에서도 그런 경향은 어김없이 나타난다.

셋째, 겸손과 성찰의 수필들

글이 곧 사람이란 말이 있지만 수필은 특히 글쓴이의 인격과 품격이 그대로 반영 되는 문학이다. 화장기 없는 맨 얼굴의 아름다움이 바로 수필이다.
김유호의 수필은 수식이 별로 없다. 그만큼 자신의 할 말만 한다는 것이지만 반면에 늘 자신을 겸허하게 성찰하고 있다는 것이다.

좋아 보이는 것을 소유하려는 욕심은 나도 예외는 아닌가 보다. 미술관 뒤뜰이 내 정원이고 인왕산 자락이 내 뒷동산인데도 지인 집의 울창한 숲이 자꾸만 눈에 아른거렸던 것이다.
—<가을과 겨울 사이> 중에서

견물생심인 게 사람이지만 내 것은 내 것이고 남의 것조차 내 것이고픈 것이 또한 사람이다. 자신은 누릴 만큼 누리면서도 남의 것에 욕심을 내는 것이 어찌 작가의 마음만이랴.

내가 가지고 있는 것의 소중함은 모르는 것이 사람이다. 남의 떡이 커 보인다는 말도 있고 없어진 후에야 그 가치를 알게 되는 것처럼 내 것, 내가 지닌 것, 가까이 있는 것의 가치를 모를 때가 많다. 늘 바라볼 수 있는 한 폭의 그림 같은 산, 그리고 언제나 맘만 먹으면 걸을 수 있는 아름다운 정원의 산자락보다 지인의 별장에 더 욕심을 내는 건 내가 누리고 있는 것보다 내 것이라는 것에 더 연연해하는 인간의 욕심이 아니고 무엇이겠는가.

전화로 안부를 물으시는 부모님의 목소리를 들으면서 나는 노년이 되면 어떨 것인가 생각해 본다. 그때가 되면 아들과 딸이 나에게도 다정하게 얘기를 해줄까, 아니면 내가 먼저 안부 전화를 걸어 차근차근 얘기를 시작할까. 그런 나를 아이들이 지루해하며 피하지는 않을까에 생각이 미치자 겨울 날씨만큼이나 마음이 스산해진다. 적어도 나 때문에 입원하고 싶어 하는 자식이 있어서는 안 될 텐데.

—<나의 노년 준비> 중에서

다가올 미래는 불확실성이다. 그러나 현재의 모습을 통해 미래를 예견할 수 있다. 물론 시대와 상황의 변화까지 짐작할 수는 없지만 내가 한 만큼도 내 자식들은 내게 못 해줄 것이라는 데는 의심의 여지가 없다. 그래서 부모님께 잘 못해드리는 것이 안타깝다.

성학이라 부른 걸 보면 선조가 성왕(聖王)의 참모습을 보고 배우라는 것이었을 테니 학교에서 학생을 가르치는 내게도 학문을 열심히 닦고 부지런히 실천하여 더욱 완성된 인간으로 살라는 가르침으로 들려온다.
 서원을 굽어보며 학자수는 그런 퇴계의 마음과 삶까지 나이테로 하나하나 간직해 왔을 것 같다. 그러나 한 편 생각해 보면 오랜 세월 동안 참고 기다리기만 하려니 얼마나 답답하고 외로웠을까. (중략)
 문득 강단에 선 내 모습을 비교해 본다. 나도 옛 서원의 교수 노릇을 하고 있는 셈이지만 그때의 선비들처럼 소나무 같은 정신이 있기나 한지 모르겠다. 학문한다면서도 이치를 깨닫는 일에만 몰두한 나머지 평정심을 유지하거나 몸을 단속하는 데는 최선을 다하지 못했던 것 같아 소나무 그늘에서 얼굴을 붉히고 만다.

—<학자수(學者樹)의 기다림> 중에서

자기를 돌아본다는 것만큼 아름다운 것도 없을 것이다. 특히 수필은 이런 겸양지덕에 자신을 바라보는 마음의 눈을 가져야 한다.

특히 가르친다는 것은 모든 것에 모범이 되어야 한다는 전제가 따른다. 작가는 소수서원에서 옛 스승의 가르침과 자신을 비교하고 오래된 학자수를 통해서도 자신을 본다. 교육자로서의 작가의 마음을 보여준다. 읽는 이의 마음도 따뜻해질 것 같다.

김유호의 수필들은 앞에서 살펴보았듯 정감 어린 수필들이다. 지나치게 교훈적이지 않으면서 깨달음과 뉘우침을 주고 나도 모르게 가슴이 훈훈해지게 하는 마력이 있다. 특히 표제작인 <도루묵과 주례사>는 여러 가지 의미가 복합된 수필이다.

자기성찰에 세태비판이 있고 친구와의 우정이 있는가 하면 선물을 받는 부담감도 있다. 그러면서도 호기심이 끊이지 않게 사건이 전개되며 끝맺음도 희망적이고 즐겁게 맺어진다. 도루묵과 코다리가 주는 어감도 그렇지만 딸 주례 부탁은 아닐까 하는 맺음도 상쾌하다.

  가슴으로 쓰는 환자 사랑의 편지이면서 우리 삶의 이곳저곳을 심심찮게 찔러보는 맛이 있는 수필들, 김유호의 첫 수필집은 그렇게 유쾌하게 독자와 만날 것이다. 두 번째 수필집이 벌써부터 기다려진다.

김유호 수필집

도루묵과 주례

2017년 5월 20일 초판 2쇄 발행

지은이 김유호 | 펴낸이 김은영 | 펴낸곳 북 나비
출판신고 2007년 11월 19일 제380-2007-00056호
주소 04992 서울시 광진구 천호대로132길 6-7 65 (구의동, 1층)
전화 (02)903-7404, 팩스 02-6280-7442
booknavi@hanmail.net
www.booknavi.co.kr

ⓒ 김유호 2017
ISBN 979-11-6011-014-2 03810
값 14,000원

※ 잘못된 책은 바꿔 드립니다.

이 도서의 국립중앙도서관 출판예정도서목록(CIP)은
서지정보유통지원시스템 홈페이지(http://seoji.nl.go.kr)와
국가자료공동목록시스템(http://www.nl.go.kr/kolisnet)에서 이용하실 수 있습니다.
(CIP제어번호 : CIP2017008550